History Chinese Culture
the Chinese Kilneye Series

中华文脉 中国窑口系列丛书

景德镇窑 （下）

● 主编／远宏 ● 副主编／邹晓松

● 作者／邹晓雯

冯冕

美 黑龙江美术出版社
Heilongjiang Fine Arts Publishing House

中華文脈

壬辰四月海右美林題

序

中国陶瓷艺术历史悠久、成果璀璨，是中华民族物质文明与生存智慧的结晶，体现了关于"道"与"器"的哲学概念和传统造物观，至今仍作用于人们的生产和生活。从今天的视角来看，泥之为器的过程，显然是一个设计的过程，即使在选料、制坯、烧制的过程中，也须依据工匠的愿望不断做出"规划"，使制作对象符合实用和观赏的诉求，可以被看作是人类造物史上的"文化化石"，蕴含着前人赖以生存的多元信息。正如费孝通先生所讲："只有直接有赖于泥土的生活才会像植物一般在一个地方生下根。"

中华大地可谓窑口林立，除五大名窑以外，知名窑系有上百处之多，民间窑口更不计其数。不同历史时期的窑口各具特色，同一地区不同时期有不同窑口，同一窑口又在不同时期名称不同。亦可细分为官窑、民窑、官督民烧等窑口，而民窑又可分山头、作坊窑口。所以说，一个窑即有一个口，即称为窑口。

"窑口"是一个带有历史意味的阶段性描述，包含着丰富的文化信息。不仅仅作为地域分布的方位指向，它还指生产制度、组织方式和技术意识形态，从这个角度讲，是一个陶瓷生产领域的"文化地理学"命题。窑口研究的探索，应在注重其造型与装饰功能的基础上，更深涉及器物形制、工艺特征、风格演进、分工制度、贸易传播以及窑口间的相互影响等内容，有益于传统陶瓷工艺的厘清和恢复，以及器物及相关考古门类的断代与科技史研究。换言之，对陶瓷领域的研究从器物层跃迁至制度层，甚至观念层，有助于提供全球化背景下"地方性知识"重塑，对当下增强文化主体意识，保持地方独特性，维护地域文化的和谐共生产生深刻的意义。

由于陶瓷在大多历史阶段具有赏用结合的特征，是各地区生活形态和审美倾向的集中体现，尤其是民窑窑口。马林诺夫斯基曾曰："人因为要生活，永远地在改变他的四周。在所有和外界重要接触的交点上，他创造器具，构成一个人工的环境。"而窑口则是这种人工环境的起点，它作用于"院子，市场和市镇广场"，也必然被其所从属的社会性所制约，对其张力互动的考察也必将拓展陶瓷文化研究的视野。

《中国窑口》系列丛书意在以新的角度梳理中国陶瓷艺术的发端、演变与传承。不仅局限于陶瓷艺术历史源流、艺术风格、工艺技术、考古、鉴定、收藏等方面的总结，更是以历史文献、实物遗存为依据，从窑口的视角，采取实证分析与传承性实践相结合的方式，从窑口发端的社会、人文、习俗、制度为脉络，系统梳理了不同地域特色所形成的材料、工艺、成型、胎釉、烧成、造型、装饰等特征，以及经济、贸易与文化形态所形成的地域文化标志，并着重强调了窑口产品与产地的关系，基本涵盖了陶瓷艺术发展历史与传承的全貌。

本系列丛书在选择我国著名窑口作为研究对象外，同时还选择了一些不同地域、各具地方特色、不为人甚知的地方窑口，对这些窑口在各历史时期所起的作用的关注，显然对完善中国陶瓷史以及人类文化遗产的整理和发掘是有益的补充。该系列丛书的编撰出版，将对中国陶瓷史研究的完善，推动中国当代陶瓷艺术的发展具有重要的理论价值与现实意义。

是为序。

何　洁

清华大学美术学院 教授 博士生导师

2016 年 12 月 1 日于清华园

目　录

前　言

001　上篇　釉下彩绘

003　第一章　景德镇窑的青花彩绘
004　　第一节　青花彩绘的工艺特征
012　　第二节　青花彩绘的历史进程
062　　第三节　青花彩绘风格特征的形成

069　第二章　景德镇窑的釉里红工艺
069　　第一节　釉里红的原料与工艺
076　　第二节　釉里红的艺术特征

079　第三章　景德镇窑的斗彩装饰
079　　第一节　斗彩出现的契机
080　　第二节　斗彩与青花五彩的关系
082　　第三节　明代成化斗彩的艺术成就

084　参考文献

087　下篇　釉上彩绘

089　第一章　景德镇窑的古彩彩绘
090　　第一节　古彩的起源
095　　第二节　古彩的工艺特征

098　第三节 古彩的发展状况

113　第四节 康熙古彩的艺术成就

117　第五节 古彩彩绘装饰风格特征的形成

124　第六节 古彩装饰的题材及艺术内涵

135　第七节 古彩的传承与创新之道

141　**第二章 景德镇窑的粉彩彩绘**

142　第一节 粉彩彩绘形成的契机

145　第二节 粉彩彩绘的材料和工艺

161　第三节 粉彩彩绘风格特征的形成

170　第四节 粉彩彩绘的发展之路

187　**第三章 景德镇窑的新彩彩绘**

187　第一节 新彩彩绘的舶入和发展

194　第二节 新彩彩绘的材料和种类

202　第三节 新彩彩绘多样化的艺术表现形式

206　第四节 新彩材料性能赋予的艺术优势

213　**第四章 景德镇窑彩绘瓷业生产和经营模式的发展变化**

213　第一节 景德镇的红店传统

219　第二节 彩绘瓷业生产和经营模式的变化

225　**参考文献**

226　**后记**

227　**作者简介**

前　言

　　景德镇窑陶瓷彩绘兴于青花、釉里红。青花、釉里红是元代景德镇窑最重要的陶瓷彩绘创新，在此基础上陶工们又衍生出蓝釉和红釉。从此景德镇窑产品的多样性再无别处可及。由元至清，青花或细密精致，或野逸奔放，或典雅秀美，无不展示着其幽静的蓝色魅力。元之青花，是蒙元与伊斯兰文化在瓷器上的谱写。明之青花，是官窑精工细作与民窑粗放豪迈共同谱写的乐章。清之青花，起于诗书画印之文人画风，止于呆滞刻板的吉祥图案。清康熙年间为青花之极轨，无论绘饰技法、炼青工艺都炉火纯青。釉里红虽工艺与青花类似，但色彩效果是景德镇彩绘历史上的神来之笔。

　　斗彩与青花五彩有着不解的渊源，在起源于明宣德年间青花五彩的基础上，斗彩形成了独立的发展方向而成名于成化年间。成化斗彩的轻盈典雅，为后来丰富多彩的景德镇窑彩绘提供了一种风格典范，成为清朝数代官窑模仿的对象。

　　釉上彩和釉下青花的结合，是陶瓷装饰色彩的丰富，是陶瓷装饰世俗化审美的延续。在青花引领景德镇彩瓷发展主流地位近四百年之后，以五彩（古彩）为先的釉上彩绘工艺形式，开始逐渐改变着景德镇彩瓷对色彩的审美。康熙古彩浸染的世俗浪漫和美好，不受阶层、不受民族的隔阂而受到青睐。然而，一经出现就具有皇家华贵气质的粉彩，将康熙古彩流行的美丽较量出主流地位。色彩丰富、粉润、纤巧、柔和，气质靓丽而隽永的雍正粉彩，成为清代皇家竭力推崇的审美典范，历经数朝皇家的青睐，将粉彩推上了以惊人的妙技展现穷奢极欲的美丽。奇技淫巧和无以复加的繁缛成为粉彩彩绘发展的羁绊，最终随着御窑厂的衰败而结束了皇家的主流审美风范。外域的文人画家向景德镇窑粉彩的投身转行，却让粉彩在民国时期重新获得生机，并且造就了对后世景德镇窑彩绘装饰非凡的影响。而新彩的舶入和发展则使景德镇彩瓷在保留美丽色彩审美的同时，又为青花、古彩、粉彩提供了材料、工艺的补充和完善，并且发展出景德镇窑釉上彩绘前所未有的多元化艺术表现形式。

　　青花、斗彩、（五彩）古彩、粉彩和新彩共同构成景德镇窑彩绘八百余年的发展面貌，顺应着陶瓷艺术审美时代的变化和发展，是陶工和艺术家们共同铸就了景德镇窑斑斓的陶瓷彩绘世界。

上篇　釉下彩绘

陶瓷彩绘始于东汉末年的三国时期，发展于唐宋的长沙与磁州二窑，但兴于景德镇。

景德镇窑陶瓷彩绘兴于青花、釉里红。

青花、釉里红是元代景德镇窑最重要的陶瓷彩绘创新，在此基础上陶工们又衍生出蓝釉和红釉。从此景德镇窑产品的多样性再无别处可及。由元至清，青花或细密精致，或野逸奔放，或典雅秀美，无不展示着其幽静的蓝色魅力，并在长达近四百年的历史中独领风骚。元之青花，是蒙元与伊斯兰文化在瓷器上的谱写。在蒙古铁骑下余生的工匠，用他们熟悉的钴蓝在瓷器上描绘浓郁伊斯兰风格的纹饰，精细而满密。由于可兰经禁用贵金属作为日用器皿，这钴蓝装饰的瓷器成了伊斯兰贵族竞相购买的奢侈品，也成为元朝重要的出口物资。明之青花，是官窑精工细作与民窑粗放豪迈共同谱写的乐章。永宣之浓艳、成弘之淡雅、嘉靖之艳紫，无不精彩绝伦。民窑或流畅潇洒或粗朴平易，又有转变期的典雅文人书卷之气，皆可圈可点。彩绘已成陶瓷装饰之大势，青花独占鳌头。清之青花，起于诗书画印之文人画风，止于呆滞刻板的吉祥图案。清康熙年间为青花之极轨，无论绘饰技法、炼青工艺都炉火纯青。入清后，青花之势猛如潮头，青色盛行，天下窑口无不效仿。

釉里红虽工艺与青花类似，但色彩效果不同，是景德镇彩绘史上的神来之笔。尚红是中国历来的审美偏好，但纯正的红色在元代以前无法在瓷器上实现。从唐代邛崃、长沙偶然的一点红，到宋钧窑的"驴肝马肺"，直到元代，釉里红才千呼万唤始出来。它的出现不仅实现了中国人在瓷器上表达吉祥、喜庆、高贵等情感，还实现了铜作为着色剂在高温还原气氛下呈色的技术突破。景德镇瓷工凭借着高超的技艺，将釉里红与红釉以不同方式装饰、搭配，或涂或写，或画或填，不仅产生了鲜红欲滴的宝烧红，还有各式图案的釉里红彩绘，以及点缀于青花之间的青花釉里红。

此外，釉下彩与釉上彩结合的综合装饰——斗彩，虽起源于明宣德，却成名于成化。这种将釉上彩与釉下彩结合的装饰工艺是为了满足彩绘颜色的丰富。釉下浅淡的幽蓝与釉上晶莹的彩色相映成趣。成化斗彩以其讲究的设色、精致的造型和肥润的釉色，成为彩瓷历史上的典范。成化斗彩的轻盈典雅，为后来多彩彩绘提供了一种风格典型，并因此成为清朝官窑数代模仿的对象。

第一章

景德镇窑的青花彩绘

　　青花这种散发着幽兰魅力的釉下彩，早在唐代就受到阿拉伯人的青睐，但真正使之大放异彩，甚至几乎成为代表中国瓷的颜色却是三百多年后的景德镇。元代之始，青花彩绘就以老辣而富有弹性的线条、丰富而具有设计的构图、汲取绘画高度成熟的表现手法，用钴蓝彩料在瓷器上演绎了一幅幅元人生动画卷。及至明清，青花彩绘工艺更为纯熟，笔墨意蕴愈加丰满，青花俨然成为景德镇瓷器蓝色的瑰宝。从元历明至清近四百年的历史，青花彩绘呈现出不同的审美特征，其动因不仅在于主流文化审美追求的主导作用，作为工艺美术的一支，其工艺的演进也是十分重要的原因。

第一节　青花彩绘的工艺特征

所谓青花，是指用钴料在坯体上彩绘并罩以透明釉，在高温还原下烧成的，显现出蓝色花纹的釉下彩装饰。青花的表现力主要体现在钴蓝料的发色和彩绘技法两个方面。不同的钴料以及彩绘技艺使景德镇窑的青花彩绘呈现出不同的特色。

一、青花彩绘的材料及变化

1. 青料

青花彩绘的着色剂俗称青料，实际上是由富含钴元素的钴土矿炼制而成。中国人对钴料的认识和使用比较早，战国时期的陶胎琉璃珠（图 1-1-1）上就已出现钴蓝。青花彩绘使用的钴料在历史上主要分为进口料和国产料。由于不同产地的钴料

图 1-1-1 战国陶胎琉璃珠

所含成分的差异，以及青料煅炼方法的演进，致使青花呈色显现出不同的色彩效果。元代至明宣德以前，青花产品全部使用进口青料绘成。宣德开始，景德镇御器厂尝试使用国产青料，但大部分产品仍用进口料。经过弘治、成化时期，国产青料逐渐普及，此后的青花制品除嘉靖时期使用伊斯兰进口的青料以外，无论官窑、民窑皆以国产青料绘制。国产青料的品种较多，江西、浙江、云南、福建、广西、广东以及四川都有所产，其中"以浙江出产者为上"[1]。到现代，青花生产中大量使用的则是用金属氧化物直接配制的化学青料。

2. 历史上的青花料

苏麻离青，又称苏泥麻青、苏泥勃青、苏勃泥青之类，都是音译词。关于苏麻离青最早的记载是王世懋万历十七年的《窥天外乘》，其云："永乐、宣德间……以苏麻离青为饰。"此后在明中晚期的私家著录里陆续有类似的记载，但官方文献中无此名称。传说苏麻离青是郑和下西洋从伊斯兰地区带回的，不过它的具体产地至今并未得到学术界定论，大部分学者认为产于伊朗，亦有部分学者认为它产于苏门答腊。古陶瓷界有将苏麻离青统称永宣及其之前的进口青料的习惯，但苏麻离青是否就是元青花的原料还有待更多的证据。这种青料含锰量低、含铁量高，因此在适当的火候下能烧出宝石蓝一样的鲜艳色泽，但由于铁的富集，往往会出现深入胎骨的黑斑。

平等青，又称陂塘青，"产于本府乐平（今江西省乐平市）一方"[2]，是明成化晚期到正德早期青花彩绘的原料。这种国产青料含铁量比较少，因此不会出现苏麻离青的那种黑斑。经过精细的淘洗加工，在烧成温度适宜的情况下能呈现柔和而淡雅的蓝色。

石子青，又称石青，无名子。《江西省大志·陶书》载：

1. 熊寥、熊微，《中国陶瓷古籍集成》，（清）蓝浦，《景德镇陶录》，卷一《图说·洗料》，上海文化出版社，2006年，第470页。

2.（明）王宗沐，《江西省大志》陶书。

"石子青产于瑞州诸处（今江西省高安、宜丰、上高一带）。"正德青花中，除了较浅淡的品种仍用平等青外，那类浓重带灰的典型产品，用的可能就是石子青。这种青料单独使用，发色比较灰暗。

伊斯兰进口的青料，产自西域[3]。据《江西省大志·陶书》记载，内有朱砂斑的为上等，内有银星的为中等。使用伊斯兰进口的青料为标志的嘉靖青花是明代青花的又一个突出阶段。嘉靖青花呈现一种蓝中泛紫浓重而鲜艳的蓝色，与其他时期的青花色泽迥然不同。不过嘉靖青花并不是全部使用伊斯兰进口的青料着色，而是以伊斯兰进口的青料和瑞州石子青配合使用。成书于嘉靖三十五年（1556年）的《江西省大志》记载了当时伊斯兰进口的青料与石子青不同比例配制而产生的不同效果："伊斯兰进口的青料淳，则色散而不收；石青多，则色沉而不亮。每两加石青一钱，谓之上青；四六分加，为之中青；十分之一，谓之混水……中青用以设色，则笔路分明；上青用以混水，则颜色清亮；真青混在坯上，如灰色；石青多则黑。"

浙料，也称浙青，产于浙江绍兴、金华一带。明代万历中期以后至清代，景德镇青花多采用此料。其中又以康熙时期发色最好。它采用上乘的浙料并将青料进行煅烧，制成青花瓷史上著名的"翠毛蓝"。

珠明料，产于云南宣威、会泽、宜良等县，其中以宣威料最好。康熙青花中部分也采用珠明料绘制。

化学青料，即氧化钴，为粉末状。其呈色效果浓烈，颜色远不如天然青料优美，但价格低廉。

3. 青花彩绘工具

青花彩绘的传统工具主要是毛笔，但不同于普通书画所

3. 熊寥、熊微，《中国陶瓷古籍集成》，《明世宗实录》，"（明万历二十四年）闰八月……癸未……先是奏，伊斯兰进口的青料出吐鲁番异域，去京师万余里，去嘉峪关数千里。而御用伊斯兰进口的青料系西域回夷大小进贡，置之甚难。"上海文化出版社，2006年，第22页。

用，而是专门适宜于陶瓷彩绘色料的专门瓷用彩绘毛笔。根据青花彩绘的用途，基本可以分为：勾线笔、混水笔（鸡头笔）。

勾线笔，是精选坚硬而弹性好的羊毛制成，制作过程中使用特殊的熏毛技艺而使笔毛多呈红褐色。制笔要求笔锋尖细，笔肚没有粗劣乱毛，整个笔毛呈细长的枣核形，笔杆约长30厘米。用于坯胎上描线。

混水笔，又称鸡头笔。这是为青花彩绘中混水技法而特制的毛笔。这种毛笔笔毛量大，含水多，用于在勾勒线条轮廓内混出平整的色块（图1-1-2）。

图1-1-2 青花工具

二、青花彩绘的工艺及变化

现代青花的绘制技法主要为三个步骤：刷图、勾线、渲染。

刷图（图1-1-3、图1-1-4），即将事先设计好的画面

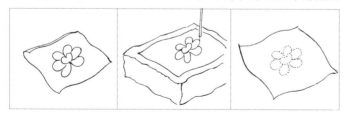

图1-1-3 刷图

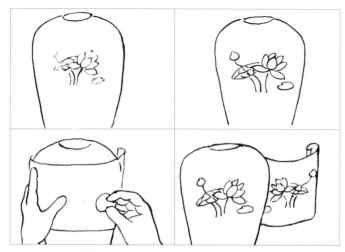

图1-1-4 立器上刷图

附在不透水的蜡纸上，再使用针笔依照纹样的轮廓扎出细密的小孔，取出蜡纸并附着在坯体之上，然后用以沾有淡墨汁或红色墨水的棉球拍打蜡纸细孔处，之后取下蜡纸，纹样即留在坯体表面。

勾线（图1-1-5、图1-1-6），是用勾线笔蘸取青花料，在坯体上勾画出纹样的轮廓。勾线是青花装饰最常用的绘制技法之一。

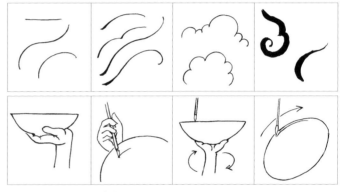

图 1-1-5 、图 1-1-6 勾线

渲染，渲染技法是青花彩绘中最具有表现力的手法。而在青花彩绘装饰六百七十余年的历史中，其渲染技法是不断演变发展的。青花之所以能依借单一色彩获得灵活多变的装饰效果，甚至可以表现出水墨画的意蕴，正是基于渲染技法的进步而取得的。青花彩绘中以用笔方式的不同，又可将渲染技法分为：洗染、摄染、涂染和混水。

洗染是借鉴中国传统绘画中的洗染技法。洗染是青花彩绘中使用最为普遍的渲染技法。它是先在坯体上用浓料勾勒出轮廓线，再将洗净的毛笔沥去一些水分后，用笔尖稍用力将轮廓线上的青花料逐渐扫至空白区域，使画面产生一个青料由浓到淡的逐渐过渡区。这种渲染方式是以小笔一笔一笔由浓及淡的接染，这种技法会在坯上留下笔触的痕迹。这是最早出现在青花装饰中的渲染方法，从元到明初永乐宣德时期官窑青花的山石、花头常用这种方法。洗染技法使青花画面的色阶增加，色调更加丰富协调（图1-1-7）。

揾染（图1-1-8），是用青花浓料绘制出画面的基本形后，在需要渲染处用大而柔软的毛笔饱蘸稍淡的青料，毛笔通过重按轻挑或拖捺而过在坯体上留下浅淡的笔触痕迹，或者用饱含青料水的毛笔亦画亦按亦挑，以写入绘，有如草书构成纹饰。因受制于成本，大量民窑难以用洗染如此精细的渲染技艺，揾染成为早期民窑青花的主要渲染技法（图1-1-9、图1-1-10）。

图1-1-7 洗染

图1-1-8 揾染

图1-1-9 明中期民窑青花云纹碗　　图1-1-10 明中期民窑青花缠枝莲纹碗

涂染（图1-1-11），是用笔头较大并且柔软的毛笔饱含青料，轻轻地在一个范围内向一个方向迅速涂转的方式。这种方式流行于弘治正德早期（图1-1-12）。它是介于洗染、揾染向混水发展过程中的一种过渡的渲染方式。涂染相对于洗染而言，操作简单易行，能对一定面积进行渲染装饰，但会留下明显的笔触以及浓淡不均的青料。如果运笔不够快，或者反

图1-1-11 涂染

图1-1-12 明弘治民窑青花碗

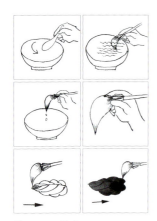

图 1-1-13 混水

复涂抹就会使画面显得脏乱。这种渲染方式效果粗糙，基本为民窑所用，且沿用时间不长。

混水（图 1-1-13），是在廓线内，用饱蘸"混水"料的鸡头笔，同时用手指轻捏笔肚，使料水缓缓流向笔尖，而笔尖并不接触坯体，仅将笔中下注的料水引向需要渲染的画面填色，使其按序流淌，形成色料均匀的渲染面。烧成后料色变化均匀，只见料水的水浪痕迹而没有笔触痕迹。这是明成化官窑才出现的一种技巧性极强的渲染方式，只有纯熟的技巧才能运用自如。只是成化官窑在混水时是否使用的是鸡头笔现在不得而知。混水技法于民窑中是在正德、嘉靖间才出现，而到嘉靖中期至天启，民窑混水的浓淡层次逐渐丰富完善（图 1-1-14）。《陶说》记载的"上青用以混水，则颜色清亮"的"混水"即指这种渲染技法。近人将"混水"误以为"分水"，实是受景德镇方言"混（hun）""分（fen）"中"h""f"读音不分的影响。

图 1-1-14 清康熙青花披麻皴山水图盘

图 1-1-15 清康熙青花故事纹盘

　　渲染技法的综合运用万历中期到天启年间，官窑萎缩，民窑却不断成长，出现了大量在工艺和艺术品位上十分优秀的产品。此时的民窑青花精品中也出现了早期官窑所运用的洗染，并且技法成熟，有效地烘托画面层次。同时，混水技法也日臻完善，常与洗染、搨染结合，青花的多种渲染方式开始综合运用到青花彩绘中，能够比较完整地将文人画风格的画面在瓷器装饰上体现。到康熙时期，青花达到了料分五色的境界，将青花料大致分出五种不同色阶的浓度：头浓、正浓、二浓、正淡、影淡。其中借鉴中国画的墨分五色，往往是在同一器物的装饰画面中，表现不同深浅层次的笔墨韵味。此时将深浅浓淡不同的料色与搨染结合起来的渲染方式增强了青花的表现力。同时分色搨染常常与混水结合使用，为画面呈现更丰富的内容和层次效果（图 1-1-15）。

　　贴纸印花，青花贴纸是以青料为原材料，将装饰纹样印刷在薄绵纸上，制成釉下贴花纸，以蘸取清水的毛笔将把这种印有纹样的贴花纸贴于陶瓷坯体上，待花纸水分干后即将棉纸揭去，纹样则留在坯体上，然后施釉烧成。如果是将贴花纸贴于喷过釉的坯体上，则不用揭去棉纸便可直接入窑烧制。清末这种工艺出现在日本。其特点是成本低，效率高，适用于大规模生产。但是装饰纹样的审美感受相对于手绘纹样显得较为呆板，缺乏艺术表现力。随着釉下贴花纸制作工艺的日趋精益，如今有些贴花纹样能够再现青花装饰的多样风貌，可与手绘青花媲美。

第二节 青花彩绘的历史进程

一、青花彩绘的滥觞期

青花的历史大可回溯到巩县窑等生产的唐青花（图1-2-1），但其彩绘风格以及胎体的瓷化程度都与景德镇窑的元青花迥异，并且从唐青花到元青花，并非是一个连贯有序的传承过程。从这个角度看，如今这种成为中国风代表之一的青花瓷，可以说是景德镇窑创新的产物。

1 青花彩绘发展的动因

不过颇有意味的是，无论是唐青花还是元青花，都并非汉民族喜好的结果。历史以其独特的方式，展示了中华民族对外来文化的兼容并包。正是对异族文化的欣然接受，中国的陶瓷审美才会在宋代高度体现了汉族知识分子极其高雅的审美意趣之后，突然转向，呈现出繁复而迤逦的风格，而这些与蒙元统治者和他们的喜好有不可分割的关系。

1.1 蒙古文化与伊斯兰文化的审美驱动

蒙古人启用大元的国号在1271年，直到1297年灭宋才建立了真正历史意义上完整的大元王朝。不过这个"始初草昧"的游牧民族，第一次在广袤的中原大地建立起王朝，统治比其族人众多、文化深厚的农耕民族，大元王朝的文化血液必然不会单一。

面对汉人尤其是南方汉人的负隅顽抗，以及汉族知识分子心中的文化优越感，元统治集团的反感是必然且明显的，他们将王朝子民分为四等，分属于第三等和第四等的汉人和

图1-2-1 唐青花

南人正是故宋之中国人。在对抗汉人"自以为优"的文化上，元统治者极力珍重保存自己的传统。如果说在正殿旁边移植上来自大漠的"誓俭草"还尚不以证明的话，那么敕令中明言的"各依本俗"，皇室率先做出的表率——内廷的祭祖、禳灾、祈福、生养、丧葬之类全依"国俗旧礼"——就足以使整个王朝民众浸染蒙元之风。

不过蒙古文化对工艺美术的影响并未直接表现在具体的造物中，更多是借助抽象的思想观念。而在蒙元历史上，征服中亚伊斯兰教国家则不仅改变了元代中国的地理版图，更深刻地影响了元代的审美风格。从此，蒙古皇帝常常兼有西域广大地区君主或名义君主的身份，中西交流频繁。由于蒙古族早期的文化难以欣赏宋代的典雅婉约，而他们又较早地接触到伊斯兰手工艺品，并为其繁缛华美的外观所倾倒。

至正型元青花装饰繁密，与洗练简约的宋代典范意趣迥然，它显然是受到蒙古文化和伊斯兰文化审美驱动的产物。蒙古族尚青、白二色。传说蒙古族的祖先是由苍狼与白鹿所生。在蒙元最早的官修史籍《蒙古秘史·总译》卷一记载："当初，元朝的人祖，是天生的一个苍色的狼和一个惨白的鹿相配了……产了一个人，名字唤做巴塔赤罕。"所谓天生的苍狼，"苍"自然是蓝色。虽说此传说不过是历史上众多帝王神话之一，但蒙古人郑重地将其写入官修历史，自然是肯定其法律地位的。蒙古人尚蓝，除始祖的神话外还和萨满教尊天有直接联系。萨满教对蒙古族的影响极大，即便是在忽必烈确立了藏传佛教的至尊地位后，许多萨满教礼仪通过转化成为习俗保存下来。在萨满教里，白色也是善的象征。忽必烈的画像现存两种——《元帝像册》和中国台北"故宫博物院"藏刘贯道所绘《元世祖出猎图》——忽必烈都服白衣。当时的汉人陶宗仪在《辍耕录》中亦有记载："国俗尚白，以白为吉"。蒙古族对蓝、白两色特殊的好尚，成了促成元青花在陶瓷史上异军突起的重要因素之一。正是由于青花瓷不同于白瓷和蓝色釉瓷只能反映两种色尚的一种而完美地呈现了蓝、白的艺术，原本被视作"无用的物件"的陶瓷，才在元代工艺美术中成为重要的一支，以至于成就了青花瓷异常灿烂的起源。也正是由于蒙古统治者对伊斯兰工艺美术品的青睐，伊斯兰文化中波斯金属器细密繁满的装饰无不体现在元代青花的装饰中。

当然，除了蒙古文化与伊斯兰文化的审美动因以外，汉文化仍然是元青花彩绘中不可忽视的文化基因，只是这种文化的体现在元青花中不是那么典型而已。

1.2 伊斯兰工匠的介入

蒙古族与西域的关联很早，在 12 世纪末 13 世纪初，就已有许多西域商人进入蒙古高原从事商贸活动，因此而带入的西域优良的手工艺品深受蒙古人喜爱。直到蒙古大军进入西域后，这种对西域手工艺品的喜好促使大量的手工匠人被掳掠。他们每攻克一地，即残酷地屠城，能逃生的只有各种手工匠人。按照波斯史家的记载，蒙古军在攻克撒麻耳干（今乌兹别克斯坦撒马尔罕）时，"蒙古人清点余生者：三万有手艺的人被挑选出来，成吉思汗把他们分给他的诸子和族人"；占领玉龙杰赤（今土库曼斯坦乌尔根奇），又有超过 10 万的工匠被掳掠[5]。在元廷的将作院中就曾有大量的西亚工匠。元许有壬《至正集》记录："元赠效忠宣力功臣太傅开府仪同三司上柱国追封赵国公谥忠靖马合马沙碑"铭："西域有国，大食故壤。地产异珍，户饶良匠。匠给将作，以实内帑……"甚至在《至顺镇江志》中还记录了金坛和丹徒两地元代侨居

4. 志费尼著、何高济译，《世界征服者历史·撒麻耳干的征服》，内蒙古人民出版社，1981 年，第 140 页。

5. "蒙古军拿下城池，一面摧毁建筑物，一面杀戮居民，直到整个城镇最后落入他们之手。接着，他们把百姓赶到城外；把为数超过十万的工匠艺人跟其余的人分开，孩童和妇孺被夷为奴婢，驱掠而去，然后，把余下的人分给军队，让每名军士屠杀二十四人。"志费尼著、何高济译，《世界征服者历史·花剌子模的命运》，内蒙古人民出版社，1981 年，第 147 页。

的伊斯兰人口[6]。这些伊斯兰工匠及其后裔直接参与到元代各种工艺美术制造，工匠的直接参与不仅带来了工艺技术完整的传播，使元代产出大量具有伊斯兰工艺品风格的器物，甚至还带来工艺技术的迁移和创新。元代瓷器受到波斯制陶工艺的直接影响最为明显的便是孔雀蓝釉器。刘新园先生在其研究中[7]指出，元代孔雀蓝釉器与明初官窑不同，元代工匠是在瓷胎上覆盖一层白色化妆土上挂孔雀蓝釉，而明初官窑则直接在白瓷胎上上釉。从工艺角度看，元代工匠在白瓷胎上上化妆土再挂釉的做法，不仅多此一举，而且还使胎釉结合不好，导致釉层剥落。而元人这样做的原因只是对波斯孔雀蓝釉陶亦步亦趋的模仿。由于波斯陶胎颜色较深，只有用化妆土遮盖胎色才会衬托孔雀蓝釉颜色的鲜亮。这种模仿正是伊斯兰工匠介入元代制瓷业的一个佐证。

在西亚，陶器上以钴蓝料装饰的历史已很久远，其成熟应不晚于9世纪。我们现在仍然可以看到9世纪或者稍晚一些的西亚白釉蓝花器。而元青花的钴料，美国学者杨格（W.J.Yonug）测试出其高铁低锰，并含有微量的二氧化砷，与波斯料相似，因而认为元代陶工所用青料来自波斯。这一论点已经得到了主流学术界的认同。现有的科学测试已经证实，无论是至正型元青花还是非至正型元青花，其钴料都为进口料即波斯料，而非以前所认为的发色鲜艳的为进口料，发色浅淡的为国产料。元人常常说的"伊斯兰进口的青料"可能指的就是这种钴料。大批来自中亚、西亚的穆斯林工匠，特别是在官府作坊中的匠人，很可能使用钴料在瓷器上绘制并传授这种技艺。那么元青花的创作有伊斯兰工匠的直接参与就不难想象了。

现在已有不少学者试图从实物的角度去寻找波斯工匠曾

6.（元）俞希鲁编纂，《至顺镇江志》，卷三《户口·侨寓》："回回五十九。录事司，四十九；丹徒县，五；丹阳县，三；金坛县，二。"江苏古籍出版社，1999年。

7. 刘新园，《元文宗——图帖睦尔时代之官窑瓷器考》，《文物》，2001年第11期，第46-65页。

1-2-2 写有波斯纹的阿尔德比神庙大盘正面

图 1-2-3 元青花盘上的青花签名（图引自黄珊《从陶瓷考古角度论元代景德镇的外来工匠——以青花和孔雀蓝釉为中心》，《故宫博物院院刊》2013年第 6 期）

经在景德镇生产青花瓷的痕迹。有学者提出：伊朗阿尔德比神庙收藏的元青花中，有一件在外口沿的空白处以釉下青花书写了波斯文（图 1-2-2、图 1-2-3）。美国福格美术馆也藏有一件元青花盘，其内腹莲瓣纹中有一处青花书写的波斯文。文字为釉下书写，说明是制作后写上去的，并且这些字迹都不书写在明显处，说明书写者具有比较个人化的目的，这显然不是本地工匠所具备的心理动机。以此为据，推测当时已有来自西亚的人介入瓷器生产了。[8] 还有学者以景德镇出土的 7 件外壁口沿为一圈青花文字和釉里红小花朵装饰的元青花圈足碗（图 1-2-4）为据。这种以文字结合小花朵作为句读装饰的样式在 11—15 世纪的《古兰经》经卷上很常见，属于伊斯兰艺术特有的风格。研究表示，这些用青花书写的波斯四行诗的文字十分流畅，因此这应是波斯陶工亲自书写。[9] 或许这些研究还有进一步论证的余地，但伊斯兰工匠参与元代工艺美术的制造已是共识，而找到确证只是时间的问题。

8. 黄珊，《从陶瓷考古角度论元代景德镇的外来工匠——以青花和孔雀蓝釉为中心》，《故宫博物院院刊》，2013 年第 6 期，第 52-57 页。

9. 黄薇、黄清华，《元青花瓷器早期类型的新发现——从实证角度论元青花瓷器的起源》，《文物》，2012年第 11 期，第 79-88 页。

图 1-2-4 波斯纹元青花高足杯（图引自黄薇、黄清华《元青花瓷器早期类型的新发现——从实证角度论元青花瓷器的起源》，《文物》2012 年第 11 期）

1.3 贸易的国际化

玉成元青花的另一项决定性的因素则是国际市场的高额回报。蒙元统治者由于其民族特性决定了其对瓷器这种沉重而又易碎、原料易得而价格低廉的工艺品冷漠的态度，但是对于陶瓷的输出元政府却是鼓励的，因为这可以博换回"中用的物件"。

《元典章》载："至元三十年（1293 年）八月二十五日福建行省准中书省咨至元二十八年（1291 年）八月二十六日奏过事内一件：南人燕参政说：有市舶司的勾当，是国家大得济的勾当……咱每这田地里无用的伞、摩合罗、瓷器家事、帘子，这般与了，博换他每中用的物件来……"

《元史》亦载："延祐改元（1314 年）……铁木迭儿奏：……往时诸蕃商贩，率获厚利，商者益众，中国货轻，蕃货反重。今请以江浙右丞曹立领其事，发舟十纲，给牒以往，归则征如制，私往者，没其货……"

从这些文献记载中我们完全可以窥见，早在 1293 年瓷器就是元王朝的重要输出物资，1314 年以后，元廷为了扭转"中国货轻，蕃货反重"的局面，直接由朝廷下蕃与民争夺海外市场。而此后，到 14 世纪 30 年代，由于海外市场的巨额利润，连皇室也要发船下蕃牟利。

《元史·顺帝一》："元统二年（1334 年）十月戊子，中书省臣请发鯨船下蕃，为皇后营利。"

对现有的数据统计可知，国内现知有 100 多件元青花，而国外却有 200 多件完整器和大量残片出土。这 200 多件元青花主要分布在土耳其伊斯坦布尔的托普卡帕博物馆，埃及开罗、伊朗德黑兰、英国、美国、日本的一些博物馆和美术馆中。根据今天现存的元青花和残片考察，当时元青花的主

图 1-2-5 伊斯兰风俗图

要海外市场有：北非和西亚地区、东非及阿拉伯半岛沿海地区以及东南亚地区，其中尤以伊斯兰文化地区的遗存最为精美典型。因为在伊斯兰教信奉的《可兰经》中禁止贵族使用金银贵金属作日用器物，而元青花这种既符合伊斯兰审美又彰显其身份地位的工艺品立即受到了这些地区贵族的青睐（图1-2-5）。

元青花销往伊斯兰文化地区的国家主要有埃及、土耳其和伊朗等。而在这些国家发现的具有伊斯兰风格的大盘国内几乎不见，可见这类产品应是针对销售地特别制造的（图1-2-6）。这里有三处值得一提：一是埃及的开罗和福斯塔斯特遗址。福斯塔斯特遗址是开罗旧城遗址，毁于12世纪的战乱。三上次男等日本学者在其废土中整理出12000多片中国瓷片，其中有数百片极其优美的元青花瓷片。二是土耳其伊斯坦布尔托普卡帕博物馆。这座博物馆原本是奥斯曼土耳其时代的王宫，1918年成为博物馆。他们对中国陶瓷的收集始于15世纪下半叶至16世纪初。据说在世界上仅存的200多件完整元青花中，这里就集中了80多件。三是伊朗的国立博物馆。其收藏有37件器形硕大质量精美的元青花。它们原本都是伊朗阿德比尔清真寺中的用品（图1-2-7）。而10世纪的

图 1-2-6 伊朗国家博物馆藏 元青地白花莲池水禽纹菱口盘

东非，由阿拉伯移民以及波斯移民带来了伊斯兰世界的各种文明，它们与当时正在向上发展的班图文明相结合，促成了历史上著名的东非海岸城邦的产生和繁荣。这些城邦在东非海岸共有 37 个左右，它们都是伊斯兰城邦，城内的清真寺中都用青花瓷来做装饰。可以想象元代的青花瓷曾大量出口到这一地区。在坦桑尼亚的基尔瓦岛 12 世纪至 15 世纪的"大房子"遗址中出土了元青花残片。肯尼亚的哥迪的大清真寺遗址也出土了元青花残片。

元青花出口的东南亚地区主要是菲律宾和印度尼西亚。

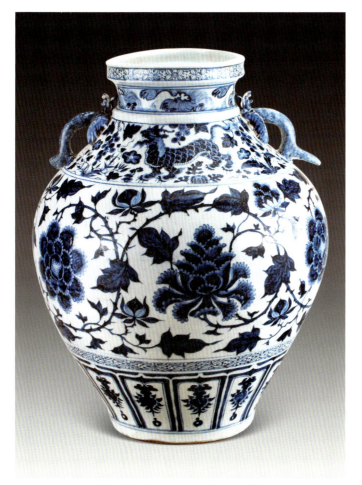

图 1-2-7 伊朗国家博物馆藏元青花缠枝牡丹瑞兽纹双耳罐

图1-2-8 元青花花卉纹八方镂空小瓶

图1-2-9 元青花花卉纹多穆壶

菲律宾贝湖西端的内湖，出土了上千片瓷片中有元青花瓷片。器形主要是小碟、小壶、荷叶盖小罐、瓜棱小瓶和鸟食罐等小件（图1-2-8）。这些器物主要是非至正型元青花，风格较为粗率，但也有极少数如伊斯坦布尔托普卡帕博物馆那样的器物。在吕宋和民都洛之间的维尔德岛上也有发现托普卡帕藏大罐相同的残片。菲律宾还出土过一件多穆壶，高11厘米。多穆壶本是藏蒙地区打酥油茶的器皿，器形比较大，而此件则是缩小版（图1-2-9）。

陶瓷史是一部生动而浓缩文化史，只要有足够的工艺准备、文化的倾向就决定了工艺品的盛衰和风貌，而新品种的诞生也往往体现了人的新需求，元青花就在这些复杂的历史背景下应运而生了。

2 元代青花彩绘装饰的发展

所谓装饰，在张道一《中国民间美术词典》的解释是："一般对于身体、器物、环境所做的美化。"装饰应该是一种艺术加工的手法，它依附于需装饰的主体，并与主体有机地结合，成为和谐的统一，进而达到使主体美化的目的。因此，瓷器的图案装饰就是一种依附于器形的装饰手段，无论是青花用笔的技法，还是装饰图案的设计都不能脱离器形，并要与之成为和谐的一体。而元青花一出现就以成熟的姿态呈现在人们面前，为迤逦的青花彩绘史开启了浓艳的一笔。它不仅开创了对釉下青花彩绘技法的探索之路，在装饰图案的组织上还形成了具有时代性的风格。元青花的彩绘技法和装饰图案的组织为陶瓷彩绘提供了一种成熟的形式范本。

2.1 元青花的彩绘技法特点

考古发现最早的釉下彩绘当属南京雨花台出土的三国釉

下褐彩罐（图 1-2-10），此后直到唐代，陶瓷史上出现了大量使用釉下彩装饰的瓷窑——长沙窑，宋代的磁州窑又进一步将这种装饰方式发扬光大。不过仔细对比它们与元青花的彩绘技法可以发现，元青花用笔讲究，技

图 1-2-10 三国釉下褐彩罐

法高超，更多地汲取了中国水墨画成熟的笔墨技巧，熟练地使用毛笔的中锋、侧锋，灵活地运用顺、逆、拖、揭等运笔技巧，产生了刚柔、虚实、轻重、浓淡等生动的绘饰效果，是此前陶瓷彩绘所不能企及的。

元青花纹样的彩绘主要采用中国画的工兼写和没骨法。其用笔变化丰富，灵活运用了国画十八描的线绘技法，对各种物体的描绘无不生动有致，各尽其态。表现人物形象采用白描的手法，传神写照，气韵生动。特别是人物衣纹的勾勒，起承转折，韵味十足。元青花不仅学习国画的线绘技巧，还将皴染、揉揭等渲染技巧移植到瓷器纹饰的绘制中。如其山石的表现，先以线描轮廓，再以侧锋皴擦石面，亦勾亦皴，虚实相宜，浓淡有致。在画花叶时，则多采用侧锋揉揭，犹如中国画的敷彩，色调层次变化，浑然一体。在缠枝花卉的枝叶描画时，采用的是揭法，运笔轻重缓急，线条极富弹性。在颜色的运用上，元青花汲取国画的"墨分五色"的表现手段，用浓淡不同的色料表现出色彩层次，形成层次丰富的装饰效果。就几种常见纹饰来看，元青花的装饰丰满精致，并显示出绘者深厚的绘画功力。如元青花的牡丹纹（图 1-2-11），是先用蘸有浓料的笔勾画出轮廓，再用深色青料涂染

图 1-2-11 元青花牡丹纹

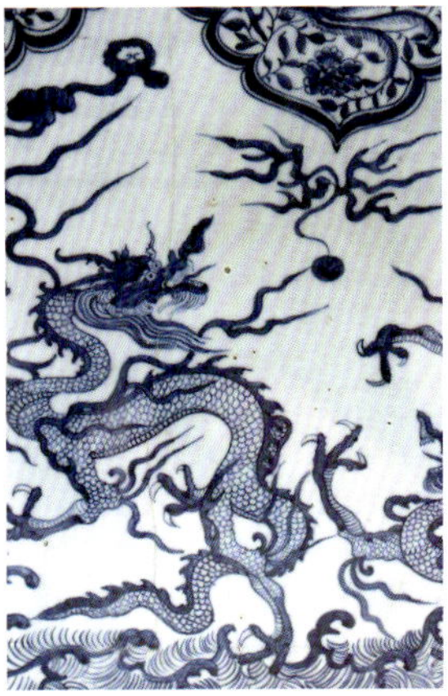

图 1-2-12 元青花龙纹

图 1-2-13 元青花鱼纹

出花瓣的中心部位，最后用淡色青料染出花瓣的周边，产生晕色的效果。又如龙纹（图 1-2-12），几乎都是用白描勾勒，但不同位置所用的线条质感不同——龙须发、肘毛的线条都飘逸舒展，龙舌、龙爪的线条则刚健瘦劲。凤的翎羽是用侧锋拖搨排列粗线条，尾羽则是用青料涂染。元青花鱼纹（图 1-2-13）的渲染效果更为突出，鱼鳍是先用细线条勾勒出鳍的骨骼再用淡青料从鱼躯干向外辐射式的由深到淡的渲染；鱼身也是先用细线勾勒鱼鳞，再从背脊向鱼腹由深到淡渲染。特别是鳜鱼的表现，用深浅不一的色料搨染出鳜鱼的斑纹，再在靠近鱼腹的部位点以小而密的斑点，其形象生动，表现技法高超。[10]

2.2 元青花的图案特点

2.2.1 品种

从考古类型学分，学术界将元青花分为至正型元青花和非至正型元青花。前者以大维德基金会收藏的至正十一年铭元青花象耳瓶为标准器（图 1-2-14）。从装饰效果上看，至正型元青花以装饰繁密、绘制精细、发色幽兰为特点，而非至正型元青花的装饰则相对疏朗，有的发色还比较灰暗浅淡（图 1-2-15、图 1-2-16）。

图 1-2-15 元青花人物纹高足杯残片

图 1-2-16 上海博物馆藏元青花花卉纹双系罐

10. 冯冕、汪柠，《元青花与磁州窑釉下黑彩纹饰比较》，《中国陶瓷》，2014 年第 6 期，第 75-84 页。

图 1-2-14 大维德基金会收藏的至正十一年铭元青花象耳瓶

　　根据元青花的装饰效果，可分为白地蓝花、蓝底白花、青花彩绘与印花装饰结合三个品种。第一种白地蓝花的数量最多。销往中东的大盘，白地蓝花和蓝底白花往往同时使用，如蕉石瓜果菱口盘，内壁共三层纹饰，口沿为落花流水带状纹，腹部为蓝底白花的缠枝花果纹，而盘心则为白地蓝花的芭蕉、葡萄、竹石、瓜果纹。青花彩绘与印花结合的品种，有器物外彩绘内印花和印花与彩绘同在器物一面两种。器物外彩绘内印花者，多见于高足杯上，杯外壁彩绘青花，内壁印花。而印花与彩绘同在器物一面者是极为高档的外销瓷。如伊朗国家博物馆收藏的青花蕉叶瓜果飞凤纹盘（图1-2-17），内壁三层纹饰，口沿为蓝底白花的缠枝菊，腹部为蓝底白花的缠枝牡丹，盘心为蕉叶瓜果飞凤纹。缠枝菊花为模印，再用青花涂饰底色。缠枝牡丹也是模印出浅浮雕的效果，底纹为青花细细绘制水波纹，细密精美。

2.2.2 图案题材

元青花的主纹有植物和动物、人物、诗文三大类。植物纹样出现最频繁，常见有牡丹、莲、兰花、松、竹、梅、葡萄等瓜果以及灵芝、蕉叶、艾叶等，构图一般是缠枝及折枝；动物纹样以传统的云龙、鸾凤、麒麟、鸳鸯、孔雀、鱼居多。人物故事题材的现知共有十余件，基本取材于流行的戏剧故事。诗文的极少，仅见高安窖藏出土的一件靶杯和新加坡国立大学博物馆所藏同种器物，上书"人生百年常在醉，算来

图1-2-17 伊朗国家博物馆收藏的青花蕉叶瓜果飞凤纹盘

三万六千场"。典型的辅助纹饰有卷草纹、变形莲瓣纹、海水纹、八宝纹、回纹、斜方格纹以及各种缠枝花卉纹。

　　在这些题材中,有一部分纹饰与景德镇南宋瓷器上的印花或磁州窑、吉州窑黑彩以及同时代的版画、绘画都没有明显的联系。刘新园先生在他的研究中将它们称之为"特异纹饰"。[11] 在刘氏的考证中,元青花的特异纹饰有:

　　缀珠纹,指陶工们用一细细的泥条在瓷坯上按预定的轮廓线盘旋粘连,再在泥条上刻出横向线段,模仿相互串缀的小颗珍珠,用以组成花纹。具有这类装饰的瓷器在河北保定窑藏(图 1-2-18)与北京元墓都有出土,国外也有类似的产品。这种缀珠纹是受到了当时贵族服饰的影响,"夏之服凡十有五等,服答纳都纳石失(缀大珠于金锦),则冠宝顶金凤钹笠。服速不都纳石失(缀小珠于金锦),则冠珠子卷云冠"。速不都纳石失是蒙元贵族所服用小颗珍珠缀成花纹的礼服。

　　带火焰的马纹,这类纹饰多画在瓶罐上部的云肩纹内,周围装饰以细密的水波。马仅用线条绘出,前膊饰以火焰。由于马纹不加渲染,给人以带火焰的白马的感觉。这类纹饰应为"玉马"。《元史·舆服二》记天子仪仗:"玉马旗,赤质,青火焰脚,绘白马,两膊有火焰。"元青花上的马纹与此对应,应是从帝王仪仗中的玉马旗直接临摹而来。

　　云肩纹(图 1-2-19),这类纹饰首次出现在元代瓷器上,一般都画在器物的肩部。云肩的边框用两根细线夹杂着一根粗线绘成,粗细线之间的距离十分狭窄,给人以缘以两道细边的感觉。《元史·舆服一·仪卫服色》亦有记载:"衬甲,制如云肩,青锦质,缘以白锦……云肩,制如四垂云,青缘,黄罗五色,嵌金为之。"元青花上的云肩就是服饰上的"衬甲"或"云肩"的临摹,且摹绘细致,连边缘都如一。

图 1-2-18 河北保定永华南路窑藏出土元青花釉里红开光镂空花卉纹盖罐

图 1-2-19 元青花云肩纹

11. 刘新园,《元青花特异纹饰和将作院所属浮梁磁局与画局》,《景德镇陶瓷学院学报》,1982 年第 3 卷第 1 期,第 9-20 页。

芦雁纹，元青花的芦雁不同于宋代流行过的芦雁纹，为一飞雁衔着芦苇，亦不同于以后的该类纹饰。而元杂剧《风雨像生货郎旦》中描写军千户（五品官）的服装："据一表仪容非俗，打扮的诸余里俏簇，绣云胸背雁衔芦。"元青花上的芦雁纹应是对元代军官服装上胸背花纹的模拟。

此外，莲池鸳鸯纹、灵芝、飞凤以及天鹿、麒麟、白鹭纹都来源于刺绣。

刘新园认为，这些题材来源于刺绣，花纹形式处理也受到丝织影响的纹饰，应是元代将作院所属的画局与磁局所设计。

如此就不难理解元青花产生之初装饰图案的构成就十分成熟的原因了。

2.2.3 装饰图案的组织形式

元青花装饰图案的布局主要有带状纹饰多层次布局式与通景式布局式两种。

带状纹饰多层次布局是元青花图案组织形式的典型方式，并且层次之多，为后世所不及。它是由精巧的花纹组成若干条二方连续图案环绕器身，各条纹饰带之间多以弦纹间隔。一件器物上，装饰带数量少则三四层，多则上十层，但多而不乱，层次清楚。这种布局无论是在平面造型还是立体造型中，都能以带状纹饰的重复连续形成一咏三叹式的节奏感和韵律感。元青花多层次的布局虽然繁密，但主次分明，由于采用了主题纹饰和辅助纹饰相结合的方式表现，将整个装饰面分成若干个组成部分，而其中的主题纹饰则占取更多的比例。并且主题纹饰所在的部位也通常根据人们的视觉中心来确定，在瓶、罐、壶等器物上往往主题纹饰位于中间偏上的腹部，而碗、盘类器物内壁的主题纹饰则处于中心。各图案比例的大小，亦根据器物的体型来掌握尺度关系，从而达到最佳的视觉效果。以伊朗博物馆藏的青地白花孔雀牡丹纹碗为例（图1-2-20）。碗外壁共有四层带状纹饰，碗沿部分为细窄的海水波涛纹，碗腹为蓝底白花的缠枝牡丹，其下是一条狭窄的带状卷草纹，最下为变形莲瓣纹，莲瓣纹中还饰有折枝菊花。这四条带状纹饰中，以腹部缠枝牡丹纹和接近足部的变形莲瓣纹所占比例为多，但由于碗腹位于器物的视觉中心，又突出了缠枝牡丹纹的主体位置。四条平行的装饰带从上至下以窄、宽、窄、宽的节奏布局，如此既具有韵律感又突出了碗腹的主体的缠枝牡丹，主宾分明。碗内壁同样为四层装饰带（图1-2-21），以同心圆的方式分布，圆心为较小的变形金刚杵纹，并以细密的水波纹饰满旁白。其外为孔雀牡丹纹，两只孔雀分别居于圆心的两侧，在牡丹丛中顾盼生姿。孔雀的姿态并不雷同，其中一只向另一只昂首相望与之呼应，既不失图案化的装饰美，又避免了程式化的呆板。再外层为缠枝四季花卉，花头穿插绘以正、侧面，以枝叶的婉转达到曲折流畅气韵贯通的装饰感。最外层为变形莲瓣纹，莲瓣中间画有四季折枝花卉。莲瓣纹以发散式的构图打破了两层同心圆构图的重复，但又依附以圆的形态，从而达到圆融的统一。三条同心圆的装饰带宽窄差别不大，形成稳定均衡之美，而碗心的小圆则在其中起到点睛之效。内壁的四层装饰中，除中心圆，外三层皆为蓝底白花，使整个青花碗呈现装饰精细色彩浓艳的效果。

伊朗国家博物馆藏的这个青地白花孔雀牡丹纹碗的装饰带层数在元青花中属于较少的，上海博物馆藏的青花缠枝牡丹凤穿花卉纹兽耳罐则共有七层装饰带（图1-2-22）。此罐盘口、束颈、溜肩、鼓腹、浅圈足。颈肩部有一圈凸棱，肩部上方饰有一对兽耳，皆以青花描出轮廓。整个大罐通体青

图1-2-20 伊朗博物馆藏的青地白花孔雀牡丹纹碗

图1-2-21 伊朗博物馆藏的青地白花孔雀牡丹纹碗内壁

图1-2-22 上海博物馆藏元青花缠枝牡丹凤穿花卉纹兽耳罐

图 1-2-23 伊朗国家博物馆藏青地白花凤凰穿花纹菱口盘

图 1-2-24 伊朗国家博物馆藏青地白花凤凰穿花纹菱口盘底部

花绘饰，纹样丰富层次感极强。口沿为一圈卷草纹，装饰带宽与盘口口沿同。凸棱之上的颈部为一圈缠枝菊花纹，凸棱之下的肩部为一圈缠枝牡丹。大罐的上腹为穿花凤纹，凤以对称的方式布局，大罐的下腹为缠枝牡丹纹，其下为一圈细窄的卷草纹，胫足为一圈变形莲瓣纹。每层纹饰皆以弦纹分割，图案满密但不显杂芜。装饰带宽窄的设计完全以器形外轮廓曲线的变化而排列，以装饰带将器物的口、颈、肩、腹、足分割清楚，节奏明晰。而其中又将视觉集中的腹部分为上下两层，舞动的凤凰穿梭在花丛之中，与其上下两层的缠枝花卉形成动静分明的对比，加强了整个大罐装饰的动感。而主体的缠枝花卉也或仰或俯，或正或侧，显得花团锦簇而变化灵动。腹部的两层较宽的纹饰带巧妙充分地利用了视觉中心，成功地凸显主题纹饰。在主题纹饰带完成了乐章的高潮部分后，缠枝牡丹与变形莲花纹之间细窄的卷草纹则是高潮与尾声的巧妙过渡，以避免结束显得过于唐突。胫足部分的变形莲花则对整个大罐的装饰进行了收束，一圈依附于胫足的变形莲瓣，犹如盛开的莲花稳定地承托了以上所有的装饰。其所占比例仅略小于腹部装饰带，但所处的位置并不突出，因此不会在整体效果中产生喧宾夺主的问题，且这样的比例很好地平衡了腹部大面积的装饰，起到视觉上稳定的效果。

伊朗国家博物馆藏的青地白花凤凰穿花纹菱口盘是元青花多层次构图中盘类的典型代表（图 1-2-23、图 1-2-24）。此盘尺寸颇大，形制与中亚、西亚地区的陶制或金属制品形式相似，是为适应中东地区饮食习惯而生产的外销瓷。盘内共有 6 层装饰带，在元青花的盘类中层次也属多者。6 层装饰带以盘心菱花形开光为中心，成同心圆分布。菱花形开光中绘以折枝莲。开光周围环绕一圈变形莲瓣纹，莲瓣中饰八宝。

其外层为一圈凤凰穿花，两凤两凰分别以中心对称方式分布。再外一层为较窄的海水波涛纹，其外又一层缠枝牡丹纹。最外为一圈海水波涛。纹饰带的分布同样以器形的转折变化为依托。最外的海水波涛以盘口的折沿为宽度，而缠枝牡丹则占据盘腹的主要位置，一圈较窄的海水波涛是腹部到盘底的过渡，底部的凤穿花、莲瓣纹到开光层层收束，将视觉注意力一直引自中心部位。多层装饰带宽窄相间，主次分明，而凤穿花与海波纹的动感又与缠枝牡丹的静态相呼应。此盘装饰层次虽多，但节奏分明，动静结合，产生了图案细密而不乱，严谨中见活泼，繁华中见古朴的艺术效果。

在元青花的多层次构图中，往往还配合开光的艺术手法，以达到突出主题和丰富装饰设计的目的。元青花的开光装饰是在辅助纹饰中，以一定形状的外轮廓线框出一窗口，在这块几近于平面的封闭窗口中绘以纹饰，以突显主题装饰并与辅助纹饰区分开来。元青花开光形状多样主要有壶门形、菱花形和圆形。盘类中心多用菱花和圆形开光，而立器器身则多用壶门形。壶门来自于家具造型，是指坐具四足之间形成的空间。而坐具之足很少采用平直一律的造型，如果足的两侧做成弧线，那么足与足之间的空档便构成了曲线优美的轮廓（图 1-2-25）。[12] 这种造型在唐宋的家具中十分常见。而壶门式床座的应用也十分广泛，不论世俗建筑还是佛教艺术中的像座和基坛。壶门内装饰各种纹样亦是唐宋流行的做法。辽宁省博物馆藏的青花开光松竹梅八棱罐所采用的即是这种开光形式（图 1-2-26）。大罐共有五层装饰带，口沿为一圈细窄的斜方格纹，颈部以罐的瓜棱为界，每面饰以四季折枝花卉。肩部一圈亦以瓜棱为界每面饰四季折枝花。腹部以卷草纹为辅助纹饰，中间以壶门形开光，其内分别绘松竹梅纹

图 1-2-25 正仓院藏 桧木苏芳地六角几的壶门

图 1-2-26 辽宁省博物馆藏的青花开光松竹梅八棱罐

12. 扬之水，《曾有西风半点香》中"牙床与牙盘"篇，生活·读书·新知三联书店，2012年，第139页。

图1-2-27 湖南省博物院藏的青花蒙恬将军纹玉壶春瓶

图1-2-28 湖南省博物院藏的青花蒙恬将军纹玉壶春瓶

和莲池鸳鸯纹，四种纹样两两分隔，分别对称。胫足部为一圈莲瓣纹。五层装饰带中以腹部一条所占比例最大，其中又以开光突出了松竹梅与莲池鸳鸯纹的主题纹饰。从整体装饰效果而言，既具备了多层次带状装饰的节奏感，又以开光的不同结构方式突出了主体，就整体视觉效果而言，它们并不显得突兀失和，反而在不同效果的对比中取得协调和统一。这样的效果正在于对视觉重心的合理布局，以浓密繁复的卷草纹烘托了开光中相对疏朗的纹饰，使得浓淡分明，达到主次分明的和谐美感。

通景式布局是器物通体装饰一幅纹饰，如果将其展开犹如一幅青花水墨画。这种通景式布局主要出现在元青花的瓶、罐上，画面围绕器形而延展，并根据不同造型的器面弧度进行合理布局，讲究虚实关系，以使装饰与造型之间相得益彰。湖南省博物院藏的青花蒙恬将军纹玉壶春瓶就是其代表（图1-2-27、图1-2-28）。玉壶春瓶口沿内绘九朵如意云头纹，圈足饰以一圈卷草纹。整个外壁皆绘蒙恬将军故事图：蒙恬头戴翎冠，身披铠甲，足登云靴，端坐于椅上，右手做发令装。身后一名佩刀兵士手执帅旗，旗上竖写"蒙恬将军"四楷书大字高举至玉壶春瓶颈，以点名画题。蒙恬前方右侧有一持弓武士，正禀报军情。另一侧有一右衽、短衣、束腰、裹腿的武士一脚蹬踏在旁边的山石上，一手抓着一名跪着的官吏。一枝松竹从山石中旁逸斜出，一直延伸到瓶颈。在画面的下方瓶腹下部还绘有蕉叶、旗杆顶部和篱笆，表现较远的景色。整幅画面，叙事完整生动，笔法细腻，布局合理。蒙恬将军故事图可能是来自于版画，但将其装饰在立体造型上，其布局的设计就显得十分重要。这种通体式布局的难度在于它不是重复环形纹样，在陶瓷造型上既要照顾到器形不同位置画面大小的变化，还要处理好画面环绕一圈以后的延续，以及画面本身人物与人物之间，人物与景物之间的关系，方方面面，只有布局合理才会与造型融为一体。而此瓶的处理巧妙之处就在于，首先，在装饰瓶腹部画面主体的同时，将旗帜和松树延展到颈部，既保证了画面的完整性，又满足了造型不同部位的装饰。其次，用松树和山石将画面分割开来，形成两个场景，达到了场景之间相对独立又紧密的联系，这样的分割有利地解决了画面的衔接，使之环绕一圈后画面形成浑然整体。而画面中的芭蕉、草坪、篱笆则有效地布置了场景，并填补了画面空白，起到了烘托故事的作用。

除了以上两种典型的布局方式以外，元青花还有将两种布局结合的方式。这种方式汲取两种布局的优点，并减少了通景布局的难度。如日本出光美术馆藏的青花昭君出塞图盖罐。大罐总共4层装饰带，口沿为海水波涛纹，肩部一圈缠枝莲纹，腹部为昭君出塞故事图，胫足为一圈莲瓣纹。将昭君出塞故事图由通景式压缩成为一条主题纹饰装饰带，在布局时不用考虑大罐其他部位的装饰构图，而仅在一条带状纹饰中完成构图，难度大大降低。而此图的布局仍旧显示了元青花创作者高超的位置经营能力。图中以嶙峋的山石作为分隔，山前的明妃及侍从为一层景，山石间的胡人为一层景，山石后迎亲的胡人又是一层景。这样利用自然景物为人物分组，不仅烘托画面，使之丰满生动，又达到了环形图案严谨的结合。图中绘明妃乘坐白马，头梳高髻，怀抱琵琶，面带忧容。两旁各有胡服女子骑马随行。另有迎亲匈奴使节和汉朝送亲官员。画面山石掩映，苍松翠竹、修竹芭蕉杂衬期间。这样的主题纹饰拥有更为丰富的装饰语言，是简单的程式化装饰图案所不能达到的生动效果。

二、青花彩绘的鼎盛期

入明，景德镇的青花彩绘进入鼎盛时期，在继承元青花的基础上，青花装饰的彩绘技法和构图逐渐形成其独特的时代风貌，并成为陶瓷装饰的主流。而御窑厂在景德镇的建立，不仅奠定了明清时期景德镇为全国制瓷中心的地位，还引领了青花瓷的工艺技术及审美方向（图1-2-29、图1-2-30）。

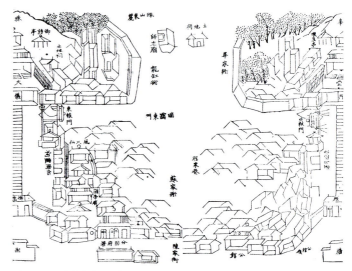

图1-2-29《景德镇陶录》绘景德镇御窑厂

图1-2-30 御窑厂近景

1 御器厂的建立与明代青花

1368年，明太祖朱元璋于正月初一在南京登基，建元大明。而御器厂建立的时间在文献中的记载却并不统一。对此问题，学界形成了以下四种观点：

（1）洪武二年（1369年）。依清人蓝浦《景德镇陶录》

记载："洪武二年就镇之珠山御窑厂，置官监督，烧造解京。"已故原景德镇考古所所长刘新园先生根据御窑厂出土标本，也认为此说可信。他提出在明代御窑厂遗址出土了"官匣"款匣钵残片以及铁褐彩题记的磁瓦。该磁瓦记："寿字三号，人匠王士名、浇釉樊道名、风火方南、作头潘成、甲首吴昌秀、监工浮梁县丞赵万初，监造提学周成、下连都。"按刘新园的考证，按清康熙二十一年《浮梁县志》中对浮梁县丞赵万初的记载，推测其出任县丞在洪武早期，以此佐证洪武二年已设御器厂的观点。

（2）洪武末年。据清康熙二十年《浮梁县志》收录的明詹珊《重建敕封万硕侯师主佑陶碑记》，其文曰："我朝洪武之末始置御窑厂，督以中官。"

（3）洪武三十五年（1402年）。明王宗沐《江西省大志·陶书》载："洪武三十五年始开窑烧造，……有御窑厂一所。"清朱琰《陶说》引用此说。

（4）宣德初年说。出自《明史》卷四三《地理志》"浮梁县"条："（县）西南有景德镇，宣德初置御器厂于此。"

虽然明代御器厂建立的时间尚未成定论，但御器厂对景德镇青花彩绘的发展却起着至关重要的作用。一方面官窑器的烧制集全国之力，研制、设计瓷器，保证产品最优。作为专门为最高统治者生产御用器物的机构，为保证统治者在瓷器用度上的尊贵地位，往往垄断最优质的原料，占有最熟练的工匠，并使用当时最先进的制瓷技艺和设备，以保证其产品质量。甚至为提高其审美格调，还会派宫廷画师参与设计，使之呈现出最能体现时代审美追求的艺术特色来。正是御器厂所生产的瓷器代表了这个时代无论是技术还是艺术上的最高水平，在经济利益的驱动下，也成了民窑竞相模仿的对象，从而引领了陶瓷艺术的发展。虽然政府一再禁止民窑青花对官窑的模仿，但从现存的遗物中可以看到民窑青花的许多纹饰都是直接来自官窑纹样。在这样的前提下，我们再来看《明英宗实录》中的两条文献：

"正统三年十二月丙寅……禁江西瓷器窑场烧造官样青花瓷器于各处货卖，及馈送官员之家。违者正犯处死，全家谪戍口外。"

"正统十二年十二月甲戌……禁江西饶州府私造黄、紫、红、绿、青、蓝、白地青花等瓷器。命都察院榜谕其处，有敢仍冒前禁者，首犯凌迟处死，籍其家赀，丁男充军边卫。知而不告者，连坐。"

如此严酷的禁令连续发布不能不说明官窑青花瓷器对民窑青花巨大的影响，因为官窑青花所代表的是这个时代的艺术风貌。

御器厂在成就景德镇官窑瓷器辉煌历史的同时，又一定程度上阻碍了民窑的发展。官窑垄断了最优的原料和工匠，以及禁止民窑对其模仿都很大程度阻碍了民窑青花的发展，以至于在明晚期以前的民窑青花都较粗糙。民窑虽然模仿官窑，但无论在技术水平，还是成本投入上都远不及官窑，更不要说在既没有专业人才设计装饰图案，又禁止模仿的夹缝中求生存，其产品的窳劣可想而知。虽然此时期少数的民窑青花以其简略而有弹性的线条取胜，但这毕竟是民窑中少之又少者。直至晚明，由于官窑的虚设，种种有利条件回复民间，民窑青花才呈现出艺术珍品。明代青花的历史正是在官窑与民窑此起彼伏的发展中谱写的。

2 明代初期的青花瓷

明初青花逐步摆脱元青花繁缛的构图方式，呈现疏朗清新的审美格调。这种格调在永乐宣德时期正式形成。从此汉族文人审美决定了青花彩绘的表达方式，并将其逐渐引入诗书画的意趣追求之中。

2.1 洪武时期的青花瓷

洪武官窑青花在 20 世纪前半叶，一度被认作元器。随着1964 年南京明故宫玉带河遗址出土的一批瓷器，其造型纹饰都不同于元朝，也有异与永乐、宣德时期，洪武青花才得以肯定。至今被确定为洪武地层出土的器物除上述以外，还有1984 年北京四中出土的一批残片和景德镇御窑厂出土的残片。作为确定地层的出土物，这些典型器成为辨别洪武青花的重要依据。洪武青花的造型多样，主要有碗、盘、菱花口盏托、执壶、玉壶春瓶、梅瓶、石榴形瓜棱大罐等，在一定程度上延续了元代瓷器造型古朴厚重、体型巨大的风格。胎质精粗有别，釉面肥润，白中泛青。青花一般发色灰暗，也有少量发蓝，色泽较为浅淡的。最近的研究表明，洪武时期的青花料与元青花料相同，发色的巨大差异可能与烧成工艺有关。

洪武青花彩绘的技法上仍延续元青花勾线、拖搨的方式，由于此时期的纹饰多为图案化的纹样，因此渲染技法表现不多。装饰纹样题材主要以各种缠枝、折枝花卉为主，其中扁菊花是这一时期较为典型的纹样。此外芭蕉园景、松竹梅以及龙纹也是常见的主题纹饰。纹饰题材上的单一，与明王朝初期政治、文化上实行极端专制有关。当时一位画家因在寺院壁画上画了一位水神骑在龙背上，统治者认为龙为天子的象征，而被水神驱使是对皇权莫大的藐视，因此画家被处死。这样的事件屡屡发生。洪武六年，朱元璋勒令在器皿上"不得彩画古先帝王后妃、圣贤人物、宫禁故事、日月、龙凤、狮子、麒麟、犀象等形……违者罪之"。[13] 在这样文化白色恐

13. 熊寥、熊微，《中国陶瓷古籍集成·明太祖实录》，上海文化出版社，2006 年，第 14 页。

图1-2-31 洪武青花折枝花卉大罐

怖之下，洪武青花纹饰中不仅完全不见人物纹样，还出现了有花无果的奇特现象。

洪武青花在布局方式上基本继承了元青花的风格，但已改元代满密之感，而逐渐增加留白，形成疏朗清秀之风。比较典型的如首都博物馆藏的1961年北京市海淀区邮电学院校址出土的洪武青花折枝花卉大罐（图1-2-31）。此盖罐虽然器盖共有装饰带5层，大罐有装饰带10层之多，但仍然已经不同于元青花的装饰风格。大罐口沿一圈细窄的回纹，颈部为如意云头纹，肩部环绕变形莲瓣纹，莲瓣中间为折枝莲，其下为一圈组合云纹，上腹部为一圈如意云纹，云中饰以折枝莲花，其下每瓣瓜棱为一簇四级花卉，胫足部位分别一圈变形莲纹，其间隔以细窄的回形纹，圈足部还有一周卷草纹。如此繁多的层次，即便是在元青花中也不多见，但由于每层纹饰都有大量的留白，使大罐不但没有元青花的繁密反而显出疏朗之气。洪武青花纹饰中还有极其简洁的风格，如故宫博物院藏的洪武青花云龙纹盘（图1-2-32）。此盘内壁仅在

图1-2-32 故宫博物院藏洪武青花云龙纹盘

口沿装饰一圈海波纹，盘心的弦纹中绘饰三朵云纹，盘外壁为一圈云龙纹。整个青花装饰仅起点睛之用，与此时其他层次繁多的洪武青花形成了鲜明的对比，并为明青花的风格形成奠定了基础。

2.2 永乐、宣德时期

永乐、宣德时期的官窑青花瓷胎质细腻、釉面莹润、青花发色浓艳，因而被称为青花瓷的黄金时代。

永乐皇帝朱棣当政时期，推行节俭，继洪武皇帝诏"祭器皆用瓷"之后，永乐皇帝规定宫廷日常生活不准使用金银器，又进一步推动了官窑瓷器的生产。朱棣本人在生活细节上极为讲究，甚至为了防止睡觉的时候胡须弄乱而戴上护须套，这种要求也被贯彻到了永乐朝的官窑制作中。对瓷器制作上的技艺求精，致使此时期官窑胎体可达到半脱胎的程度。而著名的"甜白釉"的产生，温润而庄重，精细而含蓄，为永乐青花奠定了重要的基础。永乐青花所用青料发色浓艳，有"铁锈斑"是所谓"苏麻离青"的进口青花料。永乐青花的装饰纹样上仍以折枝和缠枝花为主，但较之洪武时代丰富。不像洪武时期有花无果，永乐则大量使用瓜果纹。在花卉纹饰上，永乐时期除继续使用洪武朝常见的四季花纹以外，还增加了牵牛、月季、秋葵、桂花和剪秋萝之类。永乐的器形胎体较薄，而显得秀丽精致。同时，也生产大器，永乐窝盘最大的直径为68厘米，为洪武所不见。在众多永乐青花器中，比较著名的如明代谷应泰《博物要览》中所提到的北京故宫博物院藏青花缠枝莲压手杯，及其狮球心篆书和团花心篆书"永乐年制"款器（图1-2-33）。这是永乐青花唯一属帝王年号款的标准器，也是明代官窑写款的首例。除此之外，由于对外贸易和文化交流的频繁，永乐时期的青花瓷造型明显有伊斯兰文化

图1-2-33 北京故宫博物院藏青花缠枝莲压手杯

的特色，往往是模仿叙利亚、埃及、土耳其、伊朗等地的陶器、金属器皿或玻璃器。这些器物不仅外销，在中国国内亦有大量留存。如故宫博物院藏的青花锦纹扁平大壶。这类壶也称为"卧壶"，一面平底凹心无釉，一面拱起中心部有凸起，可平放也可直立，是模仿伊斯兰铜器的造型。类似的还有军持、鱼篓尊、无挡尊等器形。

宣德皇帝继承了其祖父的宏图大略，也极其重视官窑瓷器的生产。据《大明会典》记载，仅宣德八年，一次就向景德镇下达烧制龙凤瓷器 44.35 万件的任务，可想宣德时期官窑生产规模之大。这也能解释明清以来的文献在谈论历代官窑时，都首推宣德官窑的原因了。宣德官窑青花大多数造型和纹饰都继承永乐官窑而来，并且其色泽浓艳，深浅相间，有凝聚晕散等特点与永乐官窑青花大致相同，故有"永宣不分"之说。不过在造型上，宣德青花瓷胎体较为厚重，造型丰满，并且在釉面上有轻微的橘皮感。这种变化可能是由于宣德朝更重视青花彩绘，蓝色的花纹夺走了人们更多的注意力，制造者和使用者对纹饰更为敏感，而对造型的感觉上就相对迟钝。因此很多宣德朝与永乐朝一脉相承的器形，却总是显得没有永乐朝的优美、制作精良，亦是这个原因。明宣德青花的青料不仅使用进口的"苏麻离青"，据现代检测发现，亦有部分宣德青花使用的是国产青料。不过国产青料使用不多，当时可能还在实验阶段。宣德青花的写帝王年款器物比较多，但落款位置不定，砂底的罐、瓶、盘等大件及个别满釉小件落款于肩部、侧面或折沿下，釉底的碗、瓶、壶等在圈足内书款，故有"宣德年款遍器身"之说。写款形式也不一。官窑在器物底部书写规矩款的形式在宣德时期逐渐成形。在纹饰上其纹样和布局、画笔基本与永乐时期相同，此时开始出现青花人物纹饰，是明朝青花装饰中最早的人物题材的装饰，它的出现表明明初对艺术的高压政策已逐渐开释，瓷器上的装饰题材越来越丰富。不过最有情趣的当属宣德朝的青花蟋蟀罐和鸟食罐。由于宣德皇帝好玩鸟、斗虫之戏，御器厂为供皇帝的雅趣生产了大量的鸟食罐、蟋蟀罐。甚至因民间有在端午节穿绣有五毒纹饰的衣物的习俗，为了给宣德皇帝心爱的鸟儿过端午节，御器厂还专门为这些鸟儿烧制了绘有五毒纹饰的青花鸟食罐。皇帝的偏好对官窑瓷器的影响可见一斑。

此期间由于官窑的陶瓷生产对各方面的钳制，民窑青花发展十分迟缓。有据可依的民窑青花始于宣德晚期。

2.3 正统、景泰、天顺时期

学界曾经将正统、景泰、天顺三年称为陶瓷史上的空白期或黑暗期，但随着越来越多考古资料地被发现，证明事实并非如此。正统、景泰、天顺将近三十年的时间，三次改朝，两次非正常的帝位更替，再加上天灾、战争，内忧外患，时局动荡、社会不宁。在这样的历史背景下，官窑自然不可能像宣德时期那么兴盛。但文献数据表明，这种衰败不过是相形见绌罢了。如《明英宗实录》载："正统六年五月已亥行在光禄寺奏，新造上用膳亭器皿共三十万七千九百余件，除令南京工部修造外，其金龙金凤白瓷罐等件，令江西饶州府造。"《明史》又载："宫殿告成，命造九龙九凤膳案诸器，既又造青龙白地花缸。王振以为有璺，遣锦衣指挥杖提督官。敕中官往督更造。""（天顺三年）光禄寺奏请江西饶州府烧造瓷器十三万三千有余，工部以饶州民艰难，奏减八万，从之。"[14] "正统元年准奏，供用库瓷坛，每岁只派七百五十个。景泰五年奏准，光禄寺日进、月进内库，并赏内外官瓶、

14. 熊寥、熊微，《中国陶瓷古籍集成》，（明）王宗沐，《江西省大志·陶书》，上海文化出版社，2006年，第41页。

坛，俱令尽数送寺补用，量减岁造三分之一。天顺三年奏准，光禄寺素白瓷、龙凤碗碟，减造十分之四。"[15]这些文献无一不表明正统三朝官窑都在生产，只是在有些特殊情况下停烧而已，即便停烧也并非长时间。烧制瓷器数量的减少往往是由于天灾。景德镇考古的实物资料也证明了这一点。1988年，景德镇考古所在西墙外东司岭一带，发现在成化层和宣德层中间仍存在一个地层，根据地层学叠压关系判断为正统地层，此地层出土大量瓷器足以证明正统三朝官窑生产绝不空白。不过这三朝瓷器基本不书写帝王年号款，为研究增加了许多难度。

　　正统、景泰、天顺三朝民窑的生产已经逐渐兴盛，依前述《明史》记载正统年间两条著名的禁止模仿官窑青花纹样的禁令，是在正统三年十二月榜示后正统十二年十二月又再重申，从反面显示了此时期民窑青花生产已经逐渐兴起，有很大一部分民窑青花通过模仿官样牟利，扰乱了统治阶级等级分明的瓷器用度规则，才遭到政府一再禁止。另据《明实录》载："正统元年，浮梁民陆子顺，一次向北京宫廷进贡瓷器五万余件，上令送光禄寺充用，赐钞偿其直。"从这条文献来看，正统年间的民窑延续了宣德晚期的生产规模和质量。因为正值正统建元之初，民窑生产的瓷器不可能是一蹴而就的，应是延续了宣德晚期的生产状况。一个民窑生产的器物可以直接上供朝廷，说明其质量优良，绝不是老百姓使用的日用粗瓷。而一次性上供五万余件，可见当时民窑的规模不小。并且从正统皇帝接受上供，并"赐钞偿其直"来看，皇帝对民窑瓷器生产是认可的，否则民窑既不敢上供，皇帝也不可能赐钞。近年来，景德镇的一些考古发现也证实了空白期民窑的生产状况。2005年故宫博物院、江西省考古研究所和景德镇陶瓷

15. 熊寥、熊微，《中国陶瓷古籍集成》，《大明会典》卷一百九十四，上海文化出版社，2006年，第15页。

考古研究所联合对丽阳瓷器山西坡进行了发掘，发现明代前期(宣德至天顺)葫芦形窑炉一座，并大量出土同时期的青花、白釉、紫金釉、仿龙泉釉、仿哥釉瓷器。2002年至2003年，江西省文物考古研究所对景德镇南河南岸的整个湖田窑址北侧进行了发掘，发现了大量元明时期瓷片。其中H6探坑的年代约为洪武到"空白期"。20世纪80年代欧阳世彬教授对景德镇近郊的瑶里古窑址进行调查，确认其中栗树滩窑址是有明确地层关系的民窑窑址，其烧制年代约在13世纪晚期到16世纪早期，产品以青花和白瓷为主，其中即包含了"空白期"的民窑青花产品。在景德镇昌江西侧十八渡窑址和东郊南河北岸的水泥厂窑址也为天顺晚期到成化时期。2006年，景德镇南郊的银坑坞窑址也有空白期残片发现。这些瓷片遗存证实了在正统三朝，民窑生产已经逐渐兴盛。

由于没有官窑标准器，纪年墓葬的器物就显得十分重要。三朝纪年墓出土的青花瓷器如下：

（1）江西新建出土的正统二年宁王朱盘烒墓，青花缠枝莲纹盖罐5件。[16]

（2）江苏南京出土的正统七年牛首山宏觉寺塔基的青花瓜棱盖罐5件。[17]

（3）江西德兴市黄柏乡福泉山出土的正统十二年张叔崇墓的青花缠枝莲纹螭耳瓶2件。[18]

（4）江苏太仓东门出土的正统十四年柴处士夫妇墓的青花盖罐2件。[19]

（5）湖北钟祥出土的正统六年梁庄王墓和景泰二年王妃魏氏墓的青花缠枝梅瓶4件。[20]

（6）江西景德镇市东郊出土的景泰四年严昇墓的青花折枝牡丹纹长颈月牙耳瓶1对。[21]

16. 古湘、陈柏泉，《介绍几件元、明青花瓷器》，《文物》，1973年第12期，第64-76页。

17. 蔡述传，《南京牛首山宏觉寺塔内发现文物》，《文物参考资料》，1956年第11期。

18. 彭明瀚，《江西纪年墓出土明代景德镇民窑青花瓷研究》，《故宫博物院院刊》，2007年第1期，第24-47页。

19. 徐月英等，《试析明正统、景泰、天顺三朝青花瓷部分纹饰特征》，《景德镇陶瓷》，1993年第2期，第52-54页

20. 丁鹏博，《明代藩王墓出土瓷器研究》，《中国历史文物》，2008年第1期，第48-64页。

21. 欧阳世彬、黄云鹏，《介绍两座明景泰墓出土的青花、釉里红瓷器》，《文物》，1981年第2期，第46-50页。

（7）江西景德镇北郊观音阁出土的景泰七年袁龙贞墓的青花折枝花卉纹戟耳瓶1对。[22]

（8）广东东莞出土的天顺三年罗亨信墓青花盖罐5件、青花瓷碗2件。[23]

（9）四川平武出土的天顺八年王玺夫妇墓的青花盘50件、青花香炉、青花黄彩碗。[24]

虽然这些器物基本都是民窑产品，但结合这些器物和博物馆藏的一些典型明代空白期产品，我们可以基本厘清正统三朝青花的一些特征。空白期青花瓷胎多厚重，青花料仍然是进口料和国产料并用。青花风格在宣德的基础上有发展，纹饰豪放，青花色泽深艳，画风逐渐趋于圆润。纹饰流行孔雀牡丹纹，瑞兽如犀牛、麒麟、狮子绣球等，以及和道教有关的人物故事图纹。常常在人物故事中配以卷曲的云纹是空白期的特点。故宫博物院藏的青花八仙庆寿罐正是景泰时期的代表作。该罐体型不小，腹部的主体位置绘画八仙庆寿的主题纹饰。画面上的祥云类似宣德朝的画法，用粗重的线条画最外围的云形轮廓，其内画括弧形细小线条衬托，既丰富了粗线的表现效果，又展示了云纹的意味。这样的云纹既起到轮廓线将画面囊括其中的作用，形成一个云形的画框，又烘托了道教八仙所在的环境，用云纹增加仙气。在此之下天尊手持如意坐于洞府，八仙采药、拜谒，这些神仙逍遥不羁的状态跃然于上了。

3 明中期的青花瓷

明中期青花瓷仍然作为景德镇的主要彩瓷品种，官窑风格向愈加精细、雅致发展，而民窑在官府控制的减弱和海外市场兴起的共同作用下则愈加兴盛起来，虽然产品远不如官窑精美，但总体水平呈上升趋势。

22. 同上注。

23. 广东省博物馆等，《广东东莞明罗亨信家族墓清理简报》，《文物》，1991年第11期，第43-50页。

24. 四川省文管会等，《四川平武明王玺家族墓》，《文物》，1987年第7期，第1-41页。

3.1 成化、弘治、正德时期

成化皇帝朱见深于 1465 年登基。这位皇帝性格温和，宽厚内敛，又擅于丹青，也爱瓷器，尤其喜爱玲珑小品。由于皇帝的喜好，成化朝御器厂的烧造量十分巨大。《明史·食货志》载："成化间，遣中官之浮梁景德镇，烧造御用瓷器，最多且久，费不赀。"成化朝对御用瓷器的需求量太大，以至于有官员认为已经达到劳民伤财的地步，于是在成化十八年，一个后卫仓副使应时用，要求撤销派中官去景德镇督陶，却触怒皇帝，锒铛入狱。由于天子所好，青花瓷数量相当可观。仅北京故宫博物院藏成化青花瓷就有八十件之多，再加上中国台北"故宫博物院"、南京朝天宫及其他地区博物院收藏，以及流散于海内外的署款和未署款的，则又不可胜数。而景德镇御窑厂发现的成化窑瓷片更是数量巨大，景德镇陶瓷馆曾经将数框成化窑碎片送给故宫作为研究资料。成化朝的官窑青花瓷一改永乐、宣德以来雄健豪放的风格，以玲珑秀丽的造型，柔和宁静的色彩，晶莹细润的胎釉，朴实淡雅的装饰，在配合诗情画意的题材独步一时。一般提及成化必称成化斗彩，其实成化青花亦不亚于永宣之作，并富有自己的特色。此时期既有大器，又有小器，而小品几乎均为完美佳作。其造型隽秀，线条圆润柔和，已经达到"增之一分则嫌长，减之一分则嫌短"的境界。成化青花的特色是进口青料与国产青料并用，成为青花瓷史的转折期。成化青花部分延续了宣德时期的风格，使用苏麻离青，彩绘类似宣德形的青花纹样，早期如松竹梅的长方花钵，中期有龙凤纹盘，后期则有缠枝芙蓉盘等（图 1-2-34、图 1-2-35）。而数量众多、最为典型的则是呈色淡雅的一种。这类成化青花使用国产青料绘制。国产青料产自景德镇附近的乐平具，名为"陂塘青"，亦名"平

图 1-2-34 明成化龙凤纹盘

图1-2-36 故宫博物院藏明成化
青花山石花卉纹盖罐

图1-2-35 明成化松竹梅的长方花钵

等青"。国产青料描绘的纹饰一改明初以来的浓艳晕散的效果，发色浅淡，呈明净素雅的正蓝或灰蓝色。配以成化朝极其丰腴滋润的釉层，内敛而不浮，形成典雅秀美的独特风采。这种艺术风格影响到弘治、正德两朝。成化青花的美感不仅在于青花的淡雅，还在于成化朝胎质的精美。成化时期制坯的瓷土均经过十分精细的加工，胎质洁白，并且修胎十分精致，已经达到"脱胎"的程度，胎薄如纸，甚至可以将器外壁的青花纹饰影透器内，其胎体的轻盈可见一斑，无怪乎古人称赞："唯恐风吹去，还怕日炙消。"成化青花装饰布局疏朗，清新明快，由于受到成化皇帝审美及院派画风的影响，这时的青花轻描重画，浓淡有致，双钩填色，运笔潇洒。纹饰题材也十分广泛，既有传统题材也有创新。如湖石山茶、十六子、池塘莲荷、三果、三友、九秋图等，形态优美，水路自由。其中故宫博物院藏的青花山石花卉纹盖罐即代表之作（图1-2-36）。此罐体型小巧，通高11.3厘米，口径7.9厘米，足径10.3厘米。罐直口，圆肩，鼓腹，圈足。整个造型简洁端庄。盖面绘山石菊花，罐腹绘秋天生长的九种植物，象征丰收，寓意"九秋同庆"。瓷罐青花彩绘技巧极其高超，用笔精妙，充分体现了画院风格，并用钴料将国画的皴染发挥到极致。此时的官窑在青花晕染上创造了一种叫作"混水"的方法，能在一小块平面上用青花水料晕染出极其平整的色块，如故宫博物院藏的青花花鸟纹杯（图1-2-37）。杯外壁绘有三只雀鸟嬉戏于果树的枝头，一只俯飞于天，相互唱和。果树和雀鸟都是青花双钩，然后用"混水"技法填色，在勾线内形成平整的色块。成化时期的青花人物彩绘也很有特色，如故宫博物院藏的青花高士图盖罐（图1-2-38）。器身绘青花高士，人物高雅飘逸。由于使用的是平等青，青料色调淡雅，人物全部使用白描勾线，有杜堇柔淡之风。线条的柔美和青花的淡雅相互映衬，形成文人隽永之韵味。

　　成化之后的弘治朝，由于皇帝朱佑樘主张节俭，在明代的史料中记载，弘治年间，至少有三次停止或减少御器厂的瓷器烧造，因此弘治青花的传世品不多，但在成化青花瓷的高潮惯性下，弘治朝官窑青花瓷仍然保持了较高的烧制水平。弘治青花继承了成化青花之技艺、风格，从器形、装饰、青料的使用等方面来看都是成化风格的继续，故有"成、弘不分"之说。只是弘治朝虽然仍使用平等青，但由于配料成分及烧成温度的不同，仍有浓淡之分，在青花的格调上显得更为纤柔。弘治朝青花器物以碗盘为主，在装饰图案上，尤其喜爱莲池游龙，如故宫博物院藏的青花荷塘游龙纹碗（图1-2-39）。这类题材本是延续成化时期，但从构思来说，本来腾跃于天、深潜于渊的飞龙，竟然困于小小的莲池之中，显然很不协调，于是这个题材在后来就用的很少了。在青花彩绘技法上，弘治官窑出现了一种涂染的渲染方式，即用笔头较大且柔然的毛笔饱含青料，轻轻地在一个范围内向一个方向迅速涂转的方式。涂染相对于洗染而言，操作简单易行，能对一定面积

图1-2-37 故宫博物院藏明成化青花花鸟纹杯

图1-2-38 故宫博物院藏明成化青花高士图盖罐

图1-2-39 故宫博物院藏明弘治青花荷塘游龙纹碗

图1-2-40 北京故宫博物院藏弘治青花松竹梅纹盘

进行渲染装饰，但会留下明显的笔触以及浓淡不均的青料，因此显得粗糙。北京故宫博物院藏弘治青花松竹梅纹盘即采用这种渲染技法（图1-2-40）。盘内壁所绘的松竹梅、山石以及缠枝菊花的花叶都是使用涂染方式渲染，即使是官窑的精工细作仍然略显粗乱。

　　据《江西省大志·陶书》载："正德初，设御器厂，专管御器。寻以兵兴，议寝陶息民，未几复置。"《明史·食货志》载："自弘治以来，烧造未完者三十余万件。"其后，"正德十五年十二月己酉，命太监尹辅往饶州烧造瓷器。[25]"可见即便正德初年御器厂有短暂的停产，但不久即恢复，正德时期官窑瓷器的烧造量应不在少数。正德青花从色泽上区分有几种类型，一种是薄胎而青花淡雅的成化风格，但比较少见；一种是胎骨厚重，青花浓而带灰，这是正德时期的典型；还有一种极为少见的鸡心婴戏图碗，其器形和图案与嘉靖朝婴戏碗几乎一致，并且青花发色青翠。正德青花所用的青料比较

25. 熊寥、熊微，《中国陶瓷古籍集成·明武宗实录》，上海文化出版社，2006年，第20页。

复杂，除继续使用浅淡的平等青外，宣德十年《瑞州府志》记："上高县天则岗有'无名子'，景德镇用以绘画瓷器。"这种瑞州无名子，也叫石子青。正德时期典型的青中泛灰的青花可能使用的就是石子青。此外，正德中后期的青花还开始使用嘉靖青花标志的"伊斯兰进口的青料"。《窥天外乘》载："回青（伊斯兰进口的青料）者，出外国，正德间，大铛镇云南，得之，以炼石为伪宝……已知其可烧窑器，用之果佳。"那种与嘉靖青花相同的鸡心碗所用可能就是伊斯兰进口的青料。正德青花在造型上虽多为胎体厚重之作，但也有玲珑秀美之器，还有一些在传统器形上加以变化的器形，如戟贯耳瓶、蒜头瓶、花觚等形成了本朝风格并为嘉靖隆庆开启先河。如故宫博物院藏的正德青花应龙纹出戟尊（图1-2-41），造型新颖，即为模仿青铜器。尊上所绘应龙翻腾于祥云与海浪之间，这应龙亦是正德时期青花的典型纹饰。正德时期的青花彩绘颇有复古倾向，模仿元代及明宣德成化的造型纹样，形成古朴厚重、纤细精巧两种不同风格。如故宫博物院藏正德青花庭园仕女图叠盒（图1-2-42），盖面绘《夸官图》、状元、榜眼、探花骑马街头；两层屉各绘仕女游园。此器青花都使用双钩平涂匀净淡雅，画风秀丽，继承了成化弘治之风。由于正德帝十分重视伊斯兰文化，还崇尚释、道，因而在青花瓷的装饰上常见阿拉伯文和道教的吉祥图案，最常用的是《可兰经》箴言"真主保佑"写于各种形式的开光中。如故宫博物院藏正德青花阿拉伯文圆盒（图1-2-43）。

成化到正德时期的民窑发展也气势如虹，虽然产品质量远不能望官窑之项背，但比之明早期，无论在质量还是数量上都有了长足的发展。这样的发展首先是受益于政府对民间窑场控制地减弱。成化起，逐渐放宽对民窑的钳制，大量民

图1-2-41 故宫博物院藏正德青花应龙纹出戟尊

图1-2-42 故宫博物院藏正德青花庭园仕女图叠盒

图1-2-43 故宫博物院藏正德青花阿拉伯文圆盒

图 1-2-46 明中期民窑青花缠枝
莲纹碗

图 1-2-44 明中期民窑青花携琴访友
纹碗

图 1-2-45 明中期民窑青花梵文碗

图 1-2-48 葡萄牙定制明中期民
窑青花执壶（引自林梅村《澳
门开埠以前葡萄牙人的东方贸
易——15-16 世纪景德镇青花瓷
外销调查之二》，《文物》2011
年第 12 期）

图 1-2-49 托普卡比宫藏明中期
民窑青花执壶（引自林梅村《澳
门开埠以前葡萄牙人的东方贸
易——15-16 世纪景德镇青花瓷
外销调查之二》，《文物》2011
年第 12 期）

窑青花图案截选官窑纹饰，并蓬勃发展起来（图 1-2-44、图
1-2-45、图 1-2-46）。如图中缠枝莲纹、莱菔纹、梵文、携
琴访友等纹饰其实皆来自于官窑纹样。此外，一个十分重要
的因素便是海外贸易的兴起。据林梅村的考证，[26] 早在正德
十二年，木陶雅王唐·曼奴埃尔一世首次派使团访华，并在
景德镇定购了一批民窑青花瓷器，其中有 3 件执壶绘有葡萄
牙王唐·曼奴埃尔一世盾牌和浑天仪徽章，所绘图案仿制葡
萄牙钱币（图 1-2-47、图 1-2-48、图 1-2-49）。

　　此时的民窑青花还有工艺独特的一种——釉上青花。这
种青花不同于传统以青花料在生坯坯体上绘制，再罩以透明
釉，然后高温烧成的工艺程序，而是在坯体上先罩上透明釉，
然后再在釉上绘饰青料，最后烧成。釉上青花是欧阳世彬先
生在其《景德镇东河流域古瓷窑址调查简报》中公布的发现，
并在其《釉上青花技法与青花的定义——兼论青花的起源》

图 1-2-47 葡萄牙王唐·曼努埃尔一世金币
（引自林梅村《澳门开埠以前葡萄牙人的东
方贸易——15-16 世纪景德镇青花瓷外销调
查之二》，《文物》2011 年第 12 期）

中有详尽的阐释：这类
釉上青花是在其 1980
年对景德镇瑶里公社进
行古窑址调查的时候，
发现有一些青花碗类残
片上，绘于碗心的青花
纹饰超出了中心有釉的

部分，跨入周围被刮去釉的涩圈之内。它在有釉的部分呈青色或青褐色，与绘于釉下的青料呈色相同；而在涩圈内的则呈黑色。笔触一贯，在涩圈内的笔触清晰，青料层没有被刮削的痕迹（图1-2-50）。这些碗心纹饰是在旋去釉之后加画上去的，即绘于施釉、旋釉之后。欧阳先生认为之所以采用这种釉上绘青花的方式，应是避免在刮釉时破坏纹饰应有的完整性，因为谁都不愿意购买底心上不完全的"福""寿"的碗。其实这种工艺在现代青花彩绘中常被应用，可见古人早在明中期就已发现青料只要绘饰在有生釉的地方，无论上下，都可以烧成蓝色的纹饰。

图1-2-50 民窑釉上青花

3.2 嘉靖、隆庆和万历时期的青花瓷

嘉靖一朝官窑瓷器烧造数量巨大，据《江西省大志》记载，自嘉靖二年至四十三年，烧造瓷器约630139件。而嘉靖青花以伊斯兰进口的青料为标志，成了明代青花史上一个突出的阶段。嘉靖青花的色泽不同于成化的浅淡，正德的青中带灰，而是如宝石蓝一样鲜亮的蓝中泛红紫的浓重鲜艳色调。嘉靖青花并非全部使用伊斯兰进口的青料，而是以伊斯兰进口的青料和石子青配合使用。《江西省大志》记载了当时伊斯兰进口的青料与石子青不同配制而产生的不同效果："伊斯兰进口的青料淳，则色散而不收；石青多，则色沉而不亮。每两加石青一钱，谓之上青；四六分加，为之中青；十分之一，谓之混水……中青用以设色，则笔路分明；上青用以混水，则颜色清亮；真青混在坯上，如灰色；石青多则黑。"嘉靖青花瓷的造型也十分丰富，不仅有盘、碗、杯、爵等餐具，还有文房用器以及陈设用的花盆、五供、大罐、大鱼缸等。此时的器物还多有四方、六方、八方、瓜棱等器形，制造难度大，但烧制都十分成功。由于嘉靖帝崇尚道教，此时官窑

26. 林梅村，《澳门开埠以前葡萄牙人的东方贸易——15-16纪景德镇青花瓷外销调查之二》，《文物》，2011年第12期，第61-71页。

图 1-2-51 南京博物院藏明嘉靖
青花龙纹盖罐

还烧制了大量的葫芦瓶，其中上圆下方，寓意道教的"天圆地方"。纹饰上，除传统题材外，道教纹饰也大量出现，如八仙、八卦、凤伴云鹤等，而"福""寿"等字也出现在青花装饰上，是以往少有的。这一时期的青花，除了描绘工细的一类，还有粗放的一类，如南京博物院藏的嘉靖青花龙纹盖罐（图 1-2-51）。此罐青花发色浓艳，青中泛紫，是嘉靖青花发色的典型。而罐身上的龙纹以青料平涂，龙身柔软粗肥，画风完全不似前朝的细致。

　　隆庆一朝只有六年，并且经济萧条，但《浮梁县志》记载官窑烧造量也很大。隆庆青花瓷器的风格基本是嘉靖时期粗放风格的延续，伊斯兰进口的青料继续使用，发色也十分艳丽。在造型上出现了一些六角壶、花形盒、银锭盒和方胜等比较特殊的器形。北京故宫博物院藏的隆庆青花团龙纹提梁壶（图 1-2-52）是此时期比较典型的代表。

　　万历早期的青花瓷器，无论青花发色还是器型风格基本与嘉靖、隆庆时一致，如不根据款识很难区别。此时的青料除了继续使用伊斯兰进口的青料以外，还增添了一种产自浙江的"浙料"。据《明实录》载："又言描绘瓷器，须用土青，惟浙青为上……请变价以进"，因此万历后期的青花瓷出现蓝中泛灰的色调。万历青花的器形多样，且

图 1-2-52 北京故宫博物院藏隆庆青花团龙纹提梁壶

器形各异，光梅瓶的造型就各有不同，还有蒜头瓶、长颈瓶、花觚、扇面形罐以及小如牛眼的圆盒。此时尚大器，常见的各式大型花口瓶、大花觚和大龙缸时有烧造，但制品明显粗糙，龙缸屡有变形，技艺大不如前。风火神的出现也印证了此时烧制大型龙缸的吃力。风火神的传说在各种史料中多有记载，其中清代督陶官唐英的《火神童公传》记载十分详细。风火神本名童宾，是饶州浮梁具的一名窑工。万历年间，太监潘相督陶，烧制大龙缸。童宾被派役为报火，但大龙缸屡烧不成，累不完工，众人都为此所刑苦。童宾见此状，以身付窑，跃入烧制龙缸的大火中，开窑之时，龙缸果然烧成。童宾家人将其余骸葬于凤凰山，众人感激将其封为风火神，并立祠祭祀。后来景德镇每有烧窑，必先祭祀风火神，以祈求保佑烧窑成功。万历时期大龙缸烧制技艺的衰退其实标志着官窑水平的降低，以及明王朝统治的风雨飘摇。

不过此时期的民窑却因为资本主义因素以及官搭民烧制度的实行，发展愈加兴旺，甚至能生产一些高级的民窑青花制品，不仅胎、釉制作精细，纹饰绘制也十分精美，以至于质量绝不逊色于官窑器物。《江西省大志》谓"青色狼藉……流于民间，其制无复分"，就是说官窑、民窑青花瓷器已很难以分辨，正说明民窑青花瓷器质量一跃而起，取得了极大的发展。万历时期，景德镇民窑为欧洲大量生产了特制的青花器皿，其图案纹饰基本都是根据欧洲客户的需要而设计绘制的，因此出现了一批装饰以西方国家的族徽、文字、西洋风景的青花瓷器。

4 转变期的青花瓷

天启朝正是晚明的多事之秋，明王朝的统治动荡，此时景德镇御器厂也因此而逐渐停产。这是明代御器厂设置以来，生产量最低的时期，以至天启官窑的传世品至今已经十分罕见，而署有官窑规矩款的器物更是寥寥无几。而从此时开始到康熙早期却是民窑青花大放异彩的时期，成为青花史上又一个高峰。

"转变期瓷器"又称"过渡期瓷器"或"17世纪瓷器"。上世纪初，欧洲学者注意到一些特殊的带干支纪年的瓷器，其胎釉质量精良，青花色调青翠淡雅，绘画装饰风格新颖，边饰精致，做工细腻并且器物造型独特。而具有这种特点的瓷器在明清之际绝非个别现象，生产这类瓷器的历史时期被称为"过渡期"或"转变期"。但对于"过渡期"的界限，学者们却有两种不同的意见：一种是以 Huarrygarner 为代表，将1620年－1662年定为过渡期的起止时间；另一种以 Soamejenyns 为代表，把下限延到1683年。而更多学者倾向于后者的看法，把这个时期的瓷器统称为"17世纪瓷器"。与此前明代瓷制品相比，转变期瓷器在装饰纹样上，摒弃了官窑刻板的龙凤、缠枝牡丹、八仙等传统题材，而大量采用山水、花鸟、人物故事等新内容，题材大为拓宽，技法更为丰富，绘风清新独特，显现出浓郁的生活风味和文人画绘风；在胎釉方面，转变期瓷器胎土细洁致密，明显比嘉靖万历时期提高，釉色清亮，釉面匀净，青花质量精制上乘。其常见的器形有：筒瓶（象腿瓶）、筒觚、花觚、扁棱尊、围棋罐、笔筒、鱼缸、海灯、钵式炉、凤尾瓶、莲子罐等，都是转变期所特有的器物造型。这些突出的特征明显区别于以往明代官窑、民窑制品。究其原因主要有：其一，明末繁荣的商品经济为民窑制品提供了广阔的贸易市场。在经济作用下，单一手工业的景德镇迅速发展成为拥有10万人口以上的次等城市，与苏、松、临清、芜湖等城市并提。瓷器在国际陶瓷市场的兴盛也触发了

景德镇民窑生产。自 1606 年 –1616 年（缺 1609、1611 两年）
6 年内经荷兰东印度公司运荷的瓷器总数高达 300 万件以上。
虽然这些外销瓷器并不完全由景德镇生产，但空前繁荣的商
品贸易环境却显而易见。其二，明末商品经济的发展促成了
原有落后窑业制度的瓦解，解放了民窑生产力。制瓷的优质
原料不再被官方垄断，官窑对制瓷技工的征用和先进技术的
严格控制也被打破，这些都为民窑生产力的提高提供了物质
和技术的保证。而明末官窑民窑竞市的局面也迫使民窑制品
不断改进以提高市场竞争力。其三，明末商品经济的繁荣对
转变期瓷器艺术风格也产生了影响，此时期的瓷器装饰不仅
吸收了版画故事题材、构图形式，还吸引了包括文人在内的
社会各阶层参与设计，致使此时期的青花产生了浓郁的文人
气息。[27]

图 1–2–53 上海博物馆藏清顺治
青花山水图瓶

转变期青花发色幽兰，所用同为万历后期所使用的浙料，
但淘洗更为精细，并采用青料火煅的方式，制出康熙时期典
型的"翠毛蓝"。在纹样装饰上，转变期瓷器装饰纹样出现
多元的趋势，不仅丰富了表现题材，内容也有极大的拓展。
山水题材装饰是转变期瓷器青花装饰中最富有代表性的题材。
它不仅数量可观，艺术水平也很高。这个时期的青花山水装
饰充分借鉴了文人山水画的笔法、构图及意境。天启时期的
画面多为秋江独钓、板桥归人、寒山萧寺、孤帆远影等，意
境深远，构图疏朗。崇祯以后出现大幅山水画面，并在空白
处题诗、署款、落章，完全模仿文人画的形式意韵。在晚明
赏游文化的影响下，山水题材的纹饰更多成为隐逸思想的载
体。如上海博物馆藏的清顺治青花山水图瓶（图 1–2–53）。
瓶上题诗云："洞口春晴花正开，看花人去几时回。殷勤寄
语武陵客，莫引世上相逐来。"这首诗出自唐代陈羽的《伏

27. 冯冕，《明末商品经济对转变期
瓷器的影响》，《陶瓷学报》，2008
年第 29 卷第 2 期，第 75–84 页。

图 1-2-54 上海博物馆藏明崇祯青花博古图盖罐

翼洞送夏芳庆》，诗和画面都表现的是陶渊明《桃花源记》
的内容。桃花源这个中国文人制造的最典型的隐逸题材，在
转变期青花瓷器装饰中被反复地引用。转变期瓷器的青花花
鸟纹样以崇祯年间的作品最精，一方面表现出世俗推崇的带
有浓郁民间风情的牡丹、桃花、石榴、孔雀、喜鹊等形象，
另一方面讲究雅致的画面意蕴，打破了单一对象化的表现程
式，还吸收了陈白阳、徐青藤的绘画风格，笔墨豪放。而其
中别开生面的是博古画题材的装饰。此时期的博古纹，不完
全是清代后期那种古代器物的堆砌，而往往表现的是在园林
一角，摆放着几组器物，器物中常还插饰着鲜花。如上海博
物馆藏的明崇祯青花博古图盖罐（图 1-2-54），罐腹所绘插
有书画卷轴的蓝地白花觚立于一矮石几上；立耳束腰三足炉

内堆满山石，被作为假山盆景；长颈瓶内插有珊瑚；一把瓜棱形执壶置于旁，石几的一角还有一小盏，其右放着装饰有兽耳的尊、饰有蓝地白花的梅瓶、冰梅状开片的三足炉，三件器物中分别插有荷花、牡丹、小草。三件器物旁边是插有荷花的长颈瓶、装饰成梅干形状的执壶和敞口尊，尊内有山石、竹枝、菊花。其右侧是插有牡丹的敞口瓶和斗笠碗。这幅精美的博古图几乎就是对袁宏道《瓶史》插花艺术的诠释，所反映的正是这个时期文人对生活的精致要求以及对品位的态度。人物纹样也是转变期青花瓷器常见的纹样题材，它们常常取材于小说和戏曲，是继元青花以小说戏曲入画的传统加以发展。其数量不但更多，取材更广，而且大大突破元青花的趣味，表现人物的情感更加丰富。人物造型受到陈老莲的影响，并常置于自然山水或庭院园林的背景中，更多地暗含了画外的余味。如上海博物馆藏的明崇祯青花钱塘梦故事图盘，所描绘的是南齐时期钱塘名妓苏小小和北宋才子司马才仲之间离奇的爱情故事。盘中所绘正是故事的高潮：司马才仲在苏东坡的举荐下，于秦观幕下为官，一日在梦中遇见一美人褰幕而歌。问其名，曰：西陵苏小小也。问歌何曲？曰：《黄金缕》。若干年后，司马才仲前往苏小小墓前拜谒，当天夜晚，梦见苏小小，并与之相爱。三年后，司马才仲死于杭州，并葬于苏小小墓旁。这是一个超越时空的凄美的爱情故事。而盘中题诗："歌罢彩云无觅处，梦回明月生南浦"正是来自宋词《蝶恋花·黄金缕》："妾本钱塘江上住，花落花开，不管流年度。燕子衔将春色去，纱窗儿阵黄梅雨。斜插犀梳云半吐，檀板轻敲，唱彻黄金缕。歌罢彩云无觅处，梦回明月生南浦。"

转变期青花彩绘的装饰技法也有很大的突破。从顺治开始，青花彩绘中引用国画山水皴法中的披麻皴，即用细小平行的线条表现岩石、树木的质感。如巴特勒家族收藏的清顺治至康熙早期的青花釉里红山水图盘（图1-2-55）。盘内用青花绘披麻皴山水图，前景中有三间小茅屋，中景的崇山之中藏有一处楼阁，远景为依稀的山黛。局部的花叶用釉里红点染衬托。画面的树、山石均以披麻皴描绘，画面的动感极强。由于青花彩绘是用青料在生坯上绘制，其行笔的难度远非在纸上用墨绘可以比拟，再加上青花发色所需堆料等工艺技法，以及烧成时的种种不确定性，使得国画中的笔墨技法难以在青花彩绘中实施，因此转变期青花中所用披麻皴可以说是此时青花彩绘技法中的一项重要创举。到康熙时期，青花渲染用色的技巧臻于完美。不仅将青花料分成五个色阶的浓度：头浓、正浓、二浓、正淡、影淡，使用时往往在同一器物的装饰中出现，借鉴中国画墨分五色，表现深浅层次笔墨意蕴

图1-2-55 巴特勒家族收藏清顺治至康熙早期的青花釉里红山水图盘

的节奏感。而且还将深浅浓淡不同的料色与搨染、混水等渲染技法综合使用，使画面呈现更加丰富的层次效果。如上海博物馆藏康熙早期青花披麻皴山水图盘，画面远处山石用混水填以较深的颜色以表现树木浓密，稍近一些的山石只在山头部分用浅与远景的青料搨染，近景的山石以披麻皴和混水分别表现，而混水的颜色更为浅淡。丰富的色阶和不同的渲染方式，构成了这幅青花山水画面卓越的表现力，为青花史上用色层次饱满与技法多样之佼佼者。

三、青花彩绘的变革期

清代青花彩绘有了新的突破和发展，从顺治朝开始，一改明以来粗犷笔法，显现出独特的清代形貌。到康熙、雍正、乾隆三朝，青花瓷工艺精湛，器物精致。从嘉庆开始，青花瓷逐渐式微，从此粉彩逐渐取代了青花成为彩瓷中数量最大的一宗。

顺治时，景德镇御器厂继续实行明末的“有命则供，无命则止”，“官搭民烧”的制度，并未恢复明代前期专为宫廷烧造御用瓷器的旧制。到康熙十九年以后，“官搭民烧”成为固定的制度。官窑中的（工）部定烧器和王公大臣定烧器都在“色青户”中搭烧，占用最好的窑位，如果窑户烧损还要进行赔偿。这虽然仍是一种对民窑厉害的盘剥方式，但骚扰面要小一些。民窑在完成官窑任务的同时还能生产自己的产品，且能借鉴官窑，使民窑水平大大提高。清代景德镇二三百座民窑中，就有二十多座烧官器的包青窑。康熙官窑青花瓷在前朝的基础上不断创新，由于民窑的有力竞争，致使官窑水平迅速提高。康熙官窑青花瓷胎质缜密，有“糯米汁”之称。胎釉结合紧密，釉质细腻，青花发色翠兰，与胎釉相

图1-2-56 故宫博物院藏清康熙青花万寿字尊

映衬形成本朝独特的风貌。康熙青花彩绘题材繁多，有表现皇家气派的龙纹，并且仅是龙纹就有云龙、独龙、双龙、苍龙教子、夔龙、龙凤、鲤鱼龙门等样式。人物故事也极为丰富，清代小说已极为繁盛，这往往是人物故事题材的来源。这时期的刀马旦很有特色，它融合了戏曲样式表现在瓷器装饰之中。有耕织图、渔家乐图宣扬康熙盛世景象。还有各种书体的文字将诗词歌赋装饰在瓷器上，其中最具代表性的要属故宫博物院藏的康熙青花万寿字尊（图1-2-56）。此尊体型高大，高76.5厘米，口径37.5厘米，足径28厘米。通体用青花书写"寿"字，总共一万个寿字，寓意万寿无疆。口部七十七行，每行二字；口沿四十八行，每行一字；腹部一百三十行，每行七十五字；足部四十八行，每行一字。尊上的"寿"全部采用不同书体的篆字书写，排列整齐，纵横成行，字体大小肥瘦随着器身的凹凸曲折而放大缩小，自然流畅。这体现了极其精妙的匠心，只有经过缜密的安排才能正好写成一万个"寿"。这个御窑厂敬献给康熙皇帝寿辰的礼物，足以代表康熙时期青花彩绘的装饰设计之精妙。康熙时期的青料来源没有明确的记载，通常认为所用为浙料和珠明料。由于使用火煅的方法，此时的青料发色青翠明快，并且沉于釉底。

雍正朝历时虽短，但景德镇御窑厂已经在年希尧和唐英的管理下制瓷技艺精益求精，较前朝的水平又有提高。而雍正皇帝又是喜爱瓷器之人，其审美甚是雅致，常常在对一些瓷器的器形、图案、品种御批审定，甚至细小的改动都十分关注，因此雍正时期的青花以工艺精细而著称。雍正时期御窑厂对瓷土的拣选、粉碎、淘洗等工艺要求更为严格，烧制水平又高，因此胎体缜密坚实，成型规整，坯体轻薄，大器不显厚重，小器则玲珑秀美。雍正青花色泽类似康熙晚期青花的发色，浅淡而深沉，还有发色灰蓝或深蓝者。据雍正时期的《南窑笔记》记载：清代所用青料，除明代用的浙料、江西料以外，"本朝则广东、广西俱出料，亦属可用，但不耐火，彩绘入窑则黑矣"。雍正朝的青花瓷造型隽秀，青花彩绘多用淡描双钩，画风细腻，构图疏朗，显得清秀典雅。纹饰除传统的龙凤、缠枝牡丹、宝相花、牵牛花等图案以外，山水题材的青花纹饰则受四王和恽寿平的影响。如故宫博物院藏雍正青花梅鹊纹背壶（图1-2-57），壶身一面绘喜鹊登梅，另一面绘琵琶绶带鸟，画面都取吉祥用意。梅树和琵琶树干画得硬挺而不拘成法，鸟儿两两相对野趣十足。画面青花着色不多，类似绘画的大量留白，配以雍正朝洁白的胎质和莹润的釉质，相互映衬，雅致非常。雍正中期以后，出现了模仿明永乐、宣德青花的仿古器。为追求永宣青花自然晕散的斑点，人为在青花线条中刻意点染。如北京故宫博物院藏雍正青花锦纹如意耳瓶（图1-2-58），为模仿明代永乐青花（图1-2-59），精工细作足以乱真。

乾隆时期，清朝国泰民安。皇帝酷爱诗书，对瓷器也十分喜爱。此时景德镇御窑厂仍由著名的唐英督陶，在其制下

图1-2-57 故宫博物院藏雍正青花梅鹊纹背壶

图1-2-58 北京故宫博物院藏雍正青花锦纹如意耳瓶

图1-2-59 北京故宫博物院藏明永乐青花锦纹如意耳瓶

图1-2-60 北京故宫博物院藏清乾隆青花荷花图贯耳瓶

图1-2-62 中国台北"故宫博物院"藏乾隆洋彩番花观音瓶

推陈出新，将景德镇御窑厂的制瓷技术推至顶峰。乾隆朝初期的青花发色色彩纯正鲜亮，颜色深者蓝中泛黑，纹饰层次清晰。青花料以浙料为主。不过乾隆统治时间长，因而青花呈色并不一致。乾隆青花器物造型十分规整，比例协调，款式众多，出现了双联、四联、五孔、六联、交泰、转心等新品种。还有模仿青铜器的八方出戟尊和仿春秋青铜器壶等大型新样式。在青花纹饰上，一改雍正时期的疏朗秀丽，变得纹饰繁缛，图案化、程式化。讲究对称，内容多以龙凤为主，清代流行的吉祥寓意图案也常见。如北京故宫博物院藏清乾隆青花荷花图贯耳瓶（图1-2-60），瓶颈、耳、肩、腹皆以青花通景绘荷花图，荷花花叶繁茂，花瓣饱满，但绘画精细有余气韵不足，画面略显呆板，全无前朝的灵秀气息。由于西方文化的传入，此时青花装饰还出现了西方艺术的洋莲花，如北京故宫博物院藏乾隆青花璎珞缠枝莲纹瓶（图1-2-61），瓶腹部所绘缠枝莲纹并非传统样式，而是源于西方珐琅彩的图案纹饰（图1-2-62）。由于乾隆皇帝的喜好，以及此时中西文化交流的大环境，青花也呈现了中西合璧的格调。

嘉庆官窑青花基本承袭乾隆的风格，因此素来有"乾嘉"之说。青花呈色比较稳定，早期的造型基本与乾隆朝

图1-2-61 北京故宫博物院藏乾隆青花璎珞缠枝莲纹瓶

相同，后期则逐渐粗笨。纹饰虽与乾隆时期相似，但绘工比乾隆时期更规矩刻板。如北京故宫博物院藏嘉庆青花云龙纹螭耳瓶（图1-2-63），器形样式与乾隆朝同，主体绘云龙纹，纹饰较乾隆时期更为呆板。青花瓷也正是从嘉庆时期开始衰微，其彩瓷领袖的地位逐渐被粉彩取代。

从道光开始，清王朝的统治逐渐日落西山，景德镇御窑厂的制瓷技艺也呈下降的趋势。清代官窑青花瓷的制作水平、审美意趣都风光不再。仅在光绪时期有一段短暂的复兴，民间有"小康熙"之称。此时青花发色艳丽，器形处理也十分考究，但终究是昙花一现。到宣统，清代官窑青花也随着清王朝的大厦倾倒而覆灭了。

清代民窑青花也如官窑一样，以乾隆朝为分水岭。之前民窑青花质量上乘，并有不少质优者可媲美官窑器。官搭民烧，官民竞市，无形中促使民窑青花质量的提高。由于御窑厂所制的官窑器只能供宫廷使用，除了由帝王赏赐以外，最尊贵的皇亲国戚也不可能获得，因此他们获得优质瓷器的来源就是民窑中所谓的"官古器"，这是景德镇民窑中最精美的瓷器，稍逊色一些的是"假官古器"和"上古器"。由于官窑水平较高，因此这些民窑精品的水平相应也很高。而乾隆以后，官窑青花质量逐渐下降，民窑因此也随之下降。从景德镇遗留的大量清晚期青花瓷片可见，基本绘画都很粗率，甚至落款也不知画的是什么，不能与明代民窑青花的水平相提并论。

图1-2-63 北京故宫博物院藏嘉庆青花云龙纹螭耳瓶

第三节 青花彩绘风格特征的形成

景德镇青花发展的近四百年的历史中，元、明、清各占风流，而其中明、清两朝又在统一中形成了特殊的风格。这些或粗放，或灵秀，或规矩，或古朴的风格形成，除了时代审美的大趋势以外，往往与以下几个因素有关。

一、技法的变化

青花彩绘是陶瓷工艺美术中的一种，因此它首先受到工艺的约束。而青花彩绘的技法是一个不断发展成熟的过程，因此在这个变化过程中必然产生不同审美风格。

如第一章节所述，青花彩绘的渲染技法经过了洗染、揾染、涂染、混水四个阶段，是从借鉴绘画的渲染技法中逐渐形成青花彩绘特有渲染技法的变化过程。从元代到明早期，青花彩绘主要使用勾线与洗染结合使用，这来源于工笔画的渲染技法，工艺细腻。而此技法在青花彩绘中使用，则更需要精工细作，因为青花料的洗染若稍不注意就会把画面弄脏。因此以这种技法为主的青花彩绘，画面显得精细，技法性很强。如元青花萧何月下追韩信，由于山石、人物服饰偶得洗染，不仅增加画面的层次感，也显示了绘画技法的深厚功力。到明中期，特别是民窑青花中采用揾染、涂染的渲染技法，不免显得粗放。即便是官窑青花，这种绘画技法的使用，相较元、清的产品也显得粗拙有余而精细不足。如北京故宫博物院藏弘治青花松竹梅纹盘，南京博物院藏的嘉靖青花龙纹盖罐，都是这种风格的代表。清康熙时期，青花混水技法成熟，将青料分为由浓到淡的五个色阶，甚至创新出披麻皴的皴法表现山石树木的质感。这些青花绘饰技法的成熟并综合应用，使得康熙时期的青花彩绘装饰呈现出丰富的表现语言。

图 1-3-1 青花缠枝牡丹凤穿花卉纹兽耳罐

二、姊妹艺术的影响

青花彩绘风格的形成还与其他艺术的影响有不可分割的关系。元青花纹饰就与同时期的金银器、丝绸、石刻等艺术有密切联系。早在上世纪，刘新园先生就考证了元青花中的特异纹饰来自于元代蒙古贵族的服饰，其和元代丝织工艺直接相关。近年来此类研究十分丰富，如笔者在《元青花与磁州窑釉下黑彩比较》一文中证明，元青花的纹饰与丝绸、金银器等元代生产量巨大、深受贵族喜爱的工艺美术纹饰有着明显的亲缘性。以凤纹为例，所谓凤纹，实际上描绘的是两种神鸟，一为鸾，一为凤，二者区别主要在于尾部。依文渊阁版《营造法式》附图显示，凤凰之一为香草型尾羽，而鸾鸟的则是锯齿形尾羽。这两种神鸟在磁州窑和元青花中都有表现。元青花中的凤纹，无论鸾、凤都较为写实（图 1-3-1、图 1-3-2），与同时期的金银器、石刻、丝绸中的凤纹形象相似。

图 1-3-2 青花蕉叶瓜果飞凤纹菱口盘

图 1-3-3 元金凤钗

值得注意的是，元青花中大量出现的凤穿花在磁州窑中完全没有，而在同时期其他工艺美术中却很常见（图 1-3-3、图 1-3-4）。特别是将鸾、凤，或两只凤鸟以"69"式对称布局，即为双方

图 1-3-4 元银鎏金凤簪首

图 1-3-5 青花双凤纹匜鸾凤纹

图 1-3-6 元银錾双鸾纹摩羯单耳杯鸾凤纹

图 1-3-7 元 棕色罗花鸟绣夹衫凤纹

图 1-3-8 元大都宫廷建筑石刻凤纹 中国国家博物馆

相对颠倒的方式，在元代金银器、石刻上比比皆是。元青花（图1-3-5）与银錾双鸾（图1-3-6）无论是构图方式，还是凤纹的表现手法几乎完全一致。如此看来，与元代金银器、石刻有明显的亲缘性（图1-3-7、图1-3-8）。

除此之外，俄罗斯艾尔米塔什博物馆的玛利亚·L·曼西科娃在《十四世纪的丝织品和瓷器装饰》一文中认为，在艾尔米塔什博物馆收藏的14世纪前半叶生产的元代丝织品残片上的纹饰对当时的瓷器装饰产生了一定的影响。台湾大学艺术史研究所的施静菲在《十四世纪景德镇青花瓷之纹饰拼图与图案资料库》一文中也有类似观点，元代青花纹饰与同时期漆器、铜器以及丝织品纹饰有密切关系。她甚至认为这样的关系是以木板印刷的图案书作为媒介的。

除这些工艺美术门类的影响以外，对青花纹饰影响最大的当属版画。版画对青花纹饰影响最大的两个时期就是元代和转变期。最早指出版画对元青花影响的应是日本学者矢部良明的《元之染付》，陆明华也在《元青花瓷器综论》中明确考证出波士顿博物馆藏的三顾茅庐图梅瓶所描绘的刘备三请诸葛亮故事来源于元至治《新刊全相平话五种》，而元青花鬼谷子下山故事图亦与元至治《新刊全相平话五种》中鬼谷子下山图如出一辙（图1-3-9、图1-3-10）。转变期青花瓷器的装饰也深受版画的影响，此类研究成果十分丰富。刘朝辉在《瓷画、版画和文人趣味——转变期青花瓷器与社会

图 1-3-10 元至治《新刊全相平话五种》鬼谷子下山图

图 1-3-9 元青花鬼谷子下山罐

风尚研究》一文就指出转变期青花瓷彩绘从徽州版画中吸收绘画内容和题材，其中戏曲故事小说是一大门类。使用较多的有《西厢记》《水浒传》《三国演义》，这些都是此时期青花彩绘和版画表现最多的。此时的青花彩绘还从当时的版画中吸收了大量的绘画技法，如学习徽派版画上仕女鹅蛋脸的形象；又如版画中垂柳柳枝平行垂直的绘法。还有梦境的表达方式，如青花钱塘梦境图盘，从头上漂浮出去的由细而粗的云气来表现梦，亦是来自于版画。另外还有当时草地的点缀方法也是来源于版画。

　　由此可见，在青花彩绘的历史上，无论是题材样式、构图形式还是表现技法、绘画风格的形成，版画都功不可没。

三、与绘画的关系

　　青花彩绘形成以来，最纠缠不清的就是与绘画的关系。

应该说青花彩绘的形成首先是受益于国画，诸如最早的渲染方式亦来自于国画，包括青花彩绘的用笔气韵也是源自于国画，甚至后来的五色青花也是学习国画的墨分五色等等。

从整个青花彩绘的发展历史都可以看到向国画学习的点滴。早在青花创始，最能体现它对国画学习的当属元青花的鱼纹，这类青花纹饰无论是在构图还是在笔墨意蕴上都模仿元代绘画，脱离出瓷器装饰图案化的特征，更为写实，不仅生动地描画出水中游动的鱼，还准确地把握了不同鱼类的特征。在元青花的绘制中，充分体现了中国画线条的美感，将线的顿挫、抑扬、柔美与刚劲无不表现得淋漓尽致。明代成化时期的青花人物纹饰有杜堇之风，人物白描汲取了柔淡的风格。杜堇被公认为当时白描的高手，线条有轻、淡、青、柔的特点。而成化青花人物，利用平等青所绘的淡描青花人物，也是只见文人气息的清雅幽柔。至清，陈洪绶的人物画又对景德镇青花人物纹饰有明显的影响。陈洪绶的人物绘画线条爱用钉头鼠尾描，并将线条组织成有序的整体感，从而形成线条组织上的装饰意趣。这样的特点在康熙时期人物绘画上是常常见到的。而此时期的山水装饰又受到清初四王的影响。

但是青花彩绘并非照搬国画，因为首先它是在造型上的装饰，另外，它特殊的工艺特征毕竟不同于用墨汁在纸上绘画，这决定了它必然形成与国画不同的绘制方式以及审美意趣。虽然青花彩绘受惠于绘画颇多，但陶瓷装饰与纸上绘画有本质区别。青花并不是在二维平面上绘饰，而往往是装饰于立体造型上，因此布局构图要依附于陶瓷造型曲面的变化，与之完美结合，才能达到对陶瓷造型锦上添花的装饰效果。所以一些通景式装饰的画面，展开图似乎和纸画类似，但实际上更讲究，是移步换景，使造型从每一个角度看起来都是一个相对完整的画面，这样的布局显然与纸画的位置经营方式迥然。再者，青花是以毛笔蘸取钴料，在生坯表面彩绘纹样，勾画线条时往往讲究要有一定的堆料，方能在入窑后烧出颜色。且钴料并不同于墨汁，即便混合在水中，也是细小的颗粒，而生坯表面有一定的吸水性，在其上行笔远不如墨笔在纸上那样自如，不熟悉工艺的人往往会觉得运笔生涩，甚至难以形成流畅的线条。因此中国画所讲究的诸多笔墨意蕴在青花彩绘中难以实现，这也是为什么中国画中皴法众多，而青花彩绘只实现了类似披麻皴技法的原因。

第二章

景德镇窑的釉里红工艺

第一节　釉里红的原料与工艺

　　釉里红是景德镇瓷器传统釉下彩装饰的主要品种之一。它是指在坯上以含铜金属氧化物的色料绘制，然后施透明釉，在高温、强还原气氛继以适当的弱还原一氧化气氛中烧制，使釉下呈现红色花纹的装饰形式。它创于元代，历经明、清发展成熟，迄今。明永乐、宣德和清康熙、雍正时期的釉里红瓷器在历史上久负盛名，其成就是在元代基础上取得的。在中国陶瓷史上以铜金属氧化物作为着色剂的历史可以追溯到汉武帝时期北方地区的低温铅绿釉，但它作为红色釉彩的着色剂出现则比较晚，最早见于唐代邛崃窑和长沙窑。这两处窑业遗址曾发现其烧制的高温绿色釉彩中，有极少量的瓷片上出现红彩，有些绿彩的边缘有红色痕迹，还有些绿彩中存在极小的红斑点或流纹。这些偶然产生的铜红应是釉里红的先驱，表明当时这两处窑业虽然某些条件恰适铜红发色，但还未能真正掌握铜红的烧制技术，仅是在烧制绿色釉彩时，受到还原气氛、温度等综合因素影响，偶尔烧出了红色。唐之后，历两个多世纪到宋金时[28]，钧窑的工匠才初步摸索出铜红釉的烧造技术，开始有红斑或紫红斑的钧瓷生产。但钧红的色调并非纯正的红色，都带有不同程度的紫色和乳浊感。至元代，陶工们才逐步掌握铜红釉、高温铜红彩烧制技术。由此景德镇窑生产的釉里红，由于其色彩特别、表现手法多样，而成为陶瓷史上重要的釉下彩品种。

　　传统釉里红的工艺在坯上以含铜金属氧化物的色料绘制，然后施透明釉，在高温、强还原气氛继以适当的弱还原—氧化气氛中烧成。景德镇传统配制釉里红色料是采用"铜花"（加工制作铜器时铜屑的混合物或金属铜加热氧化的铜表面层制得）或铜灰（熔铜时铜液表面的一层渣滓）与溶剂配制而成。在元代景德镇已经可以用这种工艺手法烧制出发色鲜红的非常成功的釉里红器。如1964年北京丰台一号塔基出土的玉壶春瓶、北京故宫博物院所藏白兔纹玉壶春瓶和日本松岗美术馆藏凤纹玉壶春瓶，都是这个时期成功的代表。但影响釉里红呈色的原因众多，其中色料配制和烧成工艺是诸多因素中比较重要的。而烧成工艺中又以氧化还原气氛的交替进行、适时快速升降温和正确使用转折温态为关键环节。与我们以往认为烧制釉里红所不同的是，全部烧制过程如果都使用强还原气氛是不能烧成红色的。它必须在经过升温与强还原阶段后还要有一个弱还原阶段，并且最后的冷却阶段需带氧化气氛[29]，如此釉里红才能呈现红色。这无疑是极其复杂的烧成工艺。不同的配方，必须应用不同的烧成技术才能奏效。有时即使烧成技术娴熟的技师在烧制陌生配方时也难成佳器。日本大和文华馆藏元釉里红白地划花凤凰纹盖罐，釉里红呈

28. 秦大树，《钧窑始烧年代考》，《华夏考古》，2004年第6期。

29. 若松盈等著，赵达峰译，《窑炉气氛对铜釉颜色的影响——制造铜红釉的气氛条件》，《景德镇陶瓷》，1990年第2期，第8—12页。

橙黄色，上有绿色苔点，这是铜在釉料中受到包括气氛、温度、压力等外界影响以及色料、面釉本身组成成分等诸多因素共同作用的结果。这也可证明成功烧制釉里红的难度之大。因此，传世与出土的元代釉里红屈指可数。明代釉里红逐渐发展成熟，到永宣时期达到顶峰。到嘉靖，明朝釉里红全面衰微，直到康熙时期才又出现，并呈现极其成熟的制作技艺，到雍正时达到极轨。从其化学成分较明代釉里红有很大改变来看，它和同时的铜红釉配方一样，是清代重新研制的成果。清代釉里红极少晕散，能用极细的线条勾画出精致的花纹，还能表现出不同层次的色阶，这与元代和明初釉里红的特点不尽相同。它们不同的面釉与色料配方是造成这种变化的因素之一。清代釉里红的重振，是景德镇制瓷业再次做出的重要贡献。

除此之外，还有一种也被学术界误称为"釉里红"的"局部铜红釉装饰"。古陶瓷学界有个约定俗成的认识，即将局部用铜金属氧化物作为着色剂的色料或色釉装饰的器物统称为釉里红装饰。张福康先生早在上世纪 90 年代撰写的《景德镇历代釉里红和"填红"研究》中，阐明了"填红"的概念，提出明清时期烧制的红三鱼、红三果之类是用剔花工艺与填"彩"结合形成的一种装饰方法——将白釉剔去，再以红釉为彩填入一次烧成——而非釉里红。据我们观察，从元代景德镇创烧釉里红开始，就出现了以铜红釉进行填、涂、绘的装饰方法，其效果与釉里红十分相似。现代陶瓷工艺学中，作为色釉的铜红釉与作为色料的釉里红是完全不同的两个概念，因此，以红釉涂绘装饰和釉里红装饰是不同的两种装饰工艺。

尤其是一些极具学术意义的代表性器物，如：1980 年江西丰城发现的"至元戊寅"（公元 1338 年）铭的四灵盖罐及楼阁式谷仓、河北保定出土镂花花卉盖罐及宣德三鱼三果之类局部高温铜红釉装饰[30]都被误称为"釉里红"。但这些器物应是用红釉进行装饰的。其实这类"局部红釉装饰"在工艺上分为两种：一种是在张福康、李家治等学者的论著中提到的"填红"。是用剔花工艺与填"彩"结合形成的一种装饰方法，即将白釉剔去，再以红釉为彩填入一次烧成的装饰方法。另一种是将红釉作为彩料，直接用毛笔蘸取，在坯体进行绘饰的方法。唐英在《陶成纪事碑》中记叙了这种装饰方法："釉里红器皿，有通用红釉绘画者"。虽然釉里红以及"局部红釉装饰"都用铜金属氧化物为着色剂，但它们的制作工艺不尽相同，外观上也有一定的差异。在现代陶瓷工艺学上釉里红和红釉是完全不同的两个概念，因此，区分釉里红与"局部红釉装饰"是具有相当研究意义的。

一、制作工艺上的区分

现代釉里红作为色料是用硅灰石、铬、铜、硅、钙、锡等多种化学原料按一定比例混合，经过高温多次煅烧，成为红色榍石型熔块，然后细磨而成。古代景德镇配制釉里红是采用"铜花"（加工制作铜器时的铜屑的混合物或金属铜加热氧化的铜表面层制得）或铜灰（熔铜时铜液表面的一层渣滓）与溶剂配制而成。而局部红釉装饰所用色釉即普通祭红釉，就是将铜金属氧化物的色料进行细磨，然后放入釉料中混合均匀制成。

两者在制作工艺上的差别，主要体现在釉里红色料与红釉的化学成分组成的差异上，其中最为明显的是铜含量迥异。有关资料表明，釉里红中铜含量最高达到 20.8% 之多，而单

30.张福康、张浦生，《景德镇历代釉里红和"填红"的研究》，《文物保护与考古科学》，1996 年第 2 期，第 1-7 页。

色红釉铜含量在 0.1%~0.3% 之间。铜含量巨大差异带来的物化反应将从二者的外观上表现出来。

二、外观上的区分

传统釉里红色料中的铜含量较红釉铜含量高达数十倍至百倍以上，且装饰时是用毛笔在坯上进行绘画，由于落笔的轻重缓急致使色料分布不均；而红釉中 CuO 的含量一般只在 0.1%~0.3% 之间，且 CuO 均匀分布在釉料中。这些差别使得局部红釉装饰和釉里红在外观上都有一定的区别：

绿苔点。釉里红的红彩区常有大小不同的绿苔点分布，而以红釉装饰的图案中则不存在。绿苔点的形成和色料分布不均有关。釉里红色料用毛笔彩绘时，运笔的轻重缓急会造成色料在坯体上分布不均。在一些色料特别厚的部位，色料中的钙和铜也富集于此。众所周知，CuO 含量较高时兼有助溶作用，它们使这些色料聚集的地方熔融温度较其他部位低，导致其中的铜不易被还原，而以二价铜离子的形式出现，所以形成了绿苔点。这种情况在铜均匀分布于釉中的红釉装饰图案中是不会出现的。

晕散。不少元代和明初釉里红都有晕散现象，即线条的边缘略见模糊。而类似宣德红三鱼等红釉装饰则无明显晕散。就我们所见而言，至少可以这样认为：以红釉进行局部装饰的图案不易产生晕散。晕散的产生是多种工艺因素影响的结果，色料或面釉中的助熔剂含量较高，或烧成温度偏高都易产生这种现象。而红釉是将色料放入釉中，其铜含量和助溶剂含量都很低，晕散现象一般不会出现。

"露白"，又称"露筋"，是指用色釉装饰的器物的口边或者有凸现棱角之处不呈现釉的颜色而露出白色或淡青色釉质的现象。包括红釉在内的色釉都极易发生"露白"。"露白"的原因同于祭红的"灯草边"和郎窑红的"脱口"。科学研究表明，铜红釉的釉层必须达到一定的厚度才能在釉层中部形成红色层，如果釉层太薄，红色层无法形成，这时釉就不会呈现红色。由于釉都具有一定高温流动性，在器口处或器物有凸现棱角处都会由于向下流动而使釉层变薄，从而导致这些过薄的釉层处无法显示红色。而釉里红则不同，作为釉下彩料，釉里红是直接将彩料绘制在生坯上，再加之色料的化学组成不同于色釉，就不会出现因釉的流动而带来的"露白"现象。河北保定出土的镂花花卉盖罐的红花上部边缘，以及1980年江西发现的"至元戊寅"（公元1338年）铭的四灵盖罐及楼阁式谷仓分别在四神的背脊部和龙、虎的头部，盖罐的钮顶处以及楼阁的屋脊、瓦楞处都有明显的"露白"现象。这正是用红釉装饰所显现的特点。

突起感。局部以红釉构成的纹样装饰在视觉和触觉上都有较明显的突起感，而釉里红则没有。这是红釉和釉里红呈色条件的一定差别造成的。由于单色铜红釉的铜是均匀分布在釉层中，其厚度至少要在0.3毫米以上才能呈色。因此局部以红釉装饰构成纹样时，由于其呈色对釉层厚度的需求，这种装饰纹样就要比其周边的釉层要厚一些，而呈现突起感。釉里红内的 CuO 则是集中于胎的表面和釉层下部，因此其极薄的彩料层加上覆盖的釉层总厚度只需在0.15~0.25毫米就能呈现红色的纹饰，这和普通白釉器的釉层厚度没有什么差别。

灰蓝色。经实验表明，红釉在烧成和冷却阶段都采用强还原气氛会呈灰蓝色层。而釉里红由于其铜含量远大于红釉，过度还原则会出现十分明显的黑色层或由铜富集而成的黑色斑块。在古代柴窑的烧制过程中，不能像现代窑炉及仪器控制下那样准确地把握烧成全过程，气氛和转折温态的控制会出现偏差，因此在不太成功的烧制中，以红釉进行的局部铜红装饰往往会出现灰蓝色，而以釉里红进行的装饰则显现绿色或黑色。如：景德镇御窑厂遗址出土的被称为"宣德釉里红海怪纹靶盏"和"宣德釉里红海怪纹莲子碗"两件器物的海怪纹边缘，以及"宣德红三鱼靶盏"、"宣德红三果靶盏"的鱼、果纹的边缘都有明显的灰蓝色。可见这些器物并非釉里红装饰，而属于局部红釉装饰。

釉里红和局部红釉装饰无论在工艺还是外观上都有一定差别，是两种不同的装饰用材。明永乐宣德时期的红三鱼、红三果等都应是"填红"代表产品。雍正时模仿的宣德时期的"填红"，"有三鱼、三果、三芝、五福四种的宝烧红"，此"宝烧红"即是"填红"。雍正时还把"填红"和青花结合，具有代表性的是当时一种桃果高足碗，青花、"填红"的发色都十分鲜艳。永乐宣德时期的"红釉云龙碗"残片和"红釉海怪纹靶盏"、"红釉海怪纹莲子碗"则是红釉彩绘的代表。

因此，现今统称为釉里红的器物应予仔细地判别，将真正釉里红装饰与局部红釉装饰区分开来。这对于认清器物的真实面貌、还原器物制作工艺、探索红釉和釉里红的发展规律都具有相当的帮助。而具有明确纪年的江西省博物馆藏的"至元戊寅"（公元1338年）铭的红釉四灵盖罐及楼阁式谷仓，其价值则在于证明景德镇至晚在元代后至元戊寅年已经有红釉而非釉里红瓷器的生产。

第二节 釉里红的艺术特征

釉里红和青花一样属于釉下彩装饰，其工艺程序基本相同，但由于呈色剂的差异，釉里红纯正的红色与青花的幽兰则显现出不同的色彩效果。除元代釉里红装饰有涂绘法装饰以外，其余各朝的釉里红都是线绘装饰。器型、纹饰与各朝青花基本相同，只是数量上都少于青花而已。这种与青花器形纹饰完全一样的釉下彩，其存在的意义便是中国人一直以来对红色特殊的喜爱。即便是在元朝，蒙古人也是贵红的。因此纯正的红色在瓷器的表达全依赖于釉里红，满足以汉民

图 2-2-1 巴特勒家族收藏的中和堂款青花釉里红西厢人物故事图盘

族为主体的中华民族，数千年来在色彩上视红色为吉祥、喜庆、高贵的象征，在陶瓷上得以体现。

而釉里红另一种艺术表达是在与青花结合中体现的，即青花釉里红。青花釉里红，又称青花加紫，是将青色钴料和铜红料集于一器烧制的装饰品种，是景德镇在烧制青花、釉里红的基础上创新的技艺。青花和釉里红同为釉下彩，只是呈色的金属元素不同，二者置于一器之上，由于青花的烧制条件比较宽松，因此只要满足釉里红的烧成条件即可制成佳品。元代创烧的青花釉里红，由于当时釉里红烧制技术尚不成熟而很少成功之作。明代永乐、宣德时期因釉里红烧造水平大幅提高，青花釉里红的烧成质量水准也较高。随着康熙朝釉里红的复兴，清代青花釉里红器烧造也比较成功。在青花釉里红中，釉里红起到了画龙点睛之效。这种艺术表达在清代青花釉里红装饰中表达得最为突出。如巴特勒家族收藏的中和堂款青花釉里红西厢人物故事图盘（图 2-2-1）。盘内基本以青花彩绘，故事内容是《西厢记》中的一折"传简"。花园里张生坐于桌前，单手支撑下颚，红娘与其相对而坐。红娘左边一名侍童，正手持蒲扇张罗煮茶，红娘与张生背后是山水屏风，屏风之后有一太湖石。侍童身侧也有一太湖石，湖石旁斜生一枝花树。在整幅画面中，釉里红只作为花的点染，从颜色上打破了青花单一的色调，使画面层次更为丰富。又如巴特勒家族收藏的康熙青花釉里红披麻皴山水图盘（图 2-2-2）。盆心以青花釉里红绘一幅精美的披麻皴山水，腹壁每侧各饰一丛长自山石的兰花，折沿上绘四条长长的樱桃花枝。画面中，釉里红也仅点染枝头作为花朵。这幅画面本来绘画语言就较为丰富，再以釉里红鲜艳的颜色出挑，更是与青花相互辉映，相得益彰。

图 2-2-2 巴特勒家族收藏的康熙青花釉里红披麻皴山水图盘

第三章

景德镇窑的斗彩装饰

第一节 斗彩出现的契机

斗彩始于宣德，兴于成化。在明代文献中并没有"斗彩"这个名称，我们所说的成化"斗彩"在明代被称为"五彩"或"白地青花间装五色"瓷。"斗彩"一词最早出现在雍正时期的《南窑笔记》中，"斗者，凑也"。20世纪80年代以前，人们以为斗彩是成化官窑的创造，但1985年至2001年先后发现西藏萨迦寺的明宣德斗彩鸳鸯莲塘碗、斗彩鸳鸯莲塘高足杯，以及1988年11月景德镇御窑厂遗址出土了明宣德斗彩鸳鸯莲塘盘残片（图3-1-1），才证实了斗彩其实发明于宣德官窑，而成化斗彩是从

图 3-1-1 景德镇御窑厂遗址出土的明宣德斗彩鸳鸯莲塘盘残片

宣德继承而来。其实宣德斗彩也非横空出世，因为宣德官窑已经发明了釉下青花与釉上彩结合装饰的新工艺，从最早的青花加金彩到后来青花加红彩，那么青花与釉上五彩结合就顺理成章了。

第二节 斗彩与青花五彩的关系

所谓青花五彩，是指釉下青花与釉上多种色彩结合装饰的方式。一般是将青花作为釉上彩所没有的蓝色使用，与釉上红、黄、绿、紫、黑为主要颜色。其在制作时按画稿的要求，将所需画青花的部分先在器体上画好，施釉经过高温烧成纹饰不完整的青花瓷器后，再在画面的空白处进行釉上彩绘，根据纹饰设色的安排把画面补齐。此时青花扮演的是五彩中一彩的角色，作为局部纹饰或适度点缀。古玩界曾经将这种装饰方式与斗彩区别，认为斗彩是运用青花勾绘主体纹饰或全体纹饰的轮廓线，而青花五彩器的纹饰没有青花轮廓线，只是运用青花绘画纹饰中的某些细节局部。在青花五彩中青花扮演的是五彩中蓝色的作用。也就是说，斗彩的青花是作为纹饰的主体，而青花五彩中的青花只是作为局部纹饰渲染或点缀。而且斗彩和青花五彩的区别还在于，前者是在淡描青花瓷器的釉面上根据纹饰设色的安排彩绘，彩绘可以运用多种施彩方法。而青花五彩是按照画稿的要求将需要画青花的部分先画好，然后在釉面空白处进行彩绘，把画面纹饰补齐，也就是《南窑笔记》所说："成、正、嘉、万俱有斗彩、五彩、填彩。先于坯上用青料，画花鸟半体，复入彩料，凑齐全体，名曰斗彩。填彩者，青料双勾花鸟人物之类于坯胎，成后复入彩炉填入五彩。其五彩则素瓷纯用彩料填出者。"

　　其实，青花五彩抑或斗彩不过都是对釉上彩与釉下青花结合的装饰工艺的描述。古玩界的称谓和界定并不科学。《南窑笔记》中所谓青花半体釉上彩凑成全体（图3-2-1）或青花勾线再填入釉上彩（图3-2-2）的装饰方式在成化斗彩中都有所见。或者斗彩只是用青花勾轮廓的说法也不尽然，成化斗彩中亦有某部分青花已经绘成完整的花卉而勾勒花叶轮廓用填以釉上彩的（图3-2-3）。因此只要是釉上彩与釉下青花结合的装饰工艺都可名为斗彩——取高温与低温，釉下与釉上两类不同彩相凑而成。只不过，斗彩可以只是单一的一种釉上彩颜色与青花相斗而成（图3-2-4、图3-2-5），也可以是多种釉上彩颜色与青花结合，而后者亦可称为青花五彩（图3-2-6）。

　　不过从艺术风格上讲，成化斗彩和明代其他时期的青花五彩确实是有天壤之别的。

图3-2-2 明成化斗彩应龙纹小杯

图3-2-5 成化斗绿彩龙纹盘

图3-2-1 明成化斗彩托八宝纹碗

图3-2-3 明成化"天"字款斗彩缠枝莲盖罐

图3-2-4 明成化斗绿彩卷枝纹瓶

图3-2-6 明成化斗彩缠枝捧梵文杯

第三节 明代成化斗彩的艺术成就

　　成化斗彩是中国彩瓷上的一枚明珠，具有极为特殊的轻盈典雅之美，是其他热闹华美的彩瓷无法替代的一支。

　　成化斗彩的轻盈首先体现在器物造型的玲珑隽秀上，成化斗彩以小件器皿为主，瓶罐比较少。据刘新园先生的比较：1983 年在珠山出土的宣德青花螭龙纹大盖罐高 60.5 厘米，而成化后期最大的盖罐（大号天字罐）仅高 13 厘米；宣德官窑绝大多数靶盏的直径约为 15 厘米，成化后期最大的才 7.7 厘米。御窑厂遗存中直径仅为 6 厘米的小杯、11 厘米的小碟数量极多，可见成化朝斗彩总体造型都趋于小巧精细的形式，斗彩器物亦是玲珑精巧的。不仅小巧，成化斗彩修坯精细，并达到脱胎的程度，配以此时期缜密洁白的胎质和莹润肥厚的釉面，整个器物显得精致晶莹。

　　其次，成化斗彩的设色十分讲究。从遗物来看，成化时期釉上彩的颜色已经比较丰富，有大绿（深绿）、苦绿（草绿）、水绿（淡绿）、茄花紫、丁香紫、古黄、矾红等。成化后期的斗彩，除葡萄扁盏、茶盅、箸碟用色较多外，九成以上的产品都只用青花、苦绿、古黄和矾红四种颜色，并且遵照少用矾红忌用大绿的准则。这种配色方式，苦绿显得极为晶莹，而夹杂在青花和苦绿之间的古黄则含蓄而温暖，再点缀以艳丽的矾红，光泽的冷暖相间，与成化斗彩浅淡的青花蓝色，再配以微微泛青或牙黄的肥厚釉层，呈现出丰富而又高雅的色感。如 1984 年出土于珠山成化地层的斗彩连托八宝纹碗（图 3-3-1）。此碗外壁依次斗彩彩绘莲托轮、螺、伞、盖、花、鱼、幢、瓶八种吉祥物，足部绘一圈变形莲纹。整个碗总共只用青花、矾红、古黄、苦绿四种颜色，每个纹饰设色都加以变化，勾绘轮廓的青花十分浅淡，与苦绿和古黄的淡雅相呼应，而不透明发色鲜红的矾红与涂染发色艳丽的青花，成为整个色彩的点缀，色料的晶莹与釉面的莹润相互依衬显得典雅而别致。又如同年成化地层出土的斗彩小鸟果树纹高足杯（图3-3-2）。此杯杯体小巧，通高仅7.9厘米，口径6.8厘米，足径3.6厘米。此杯杯外壁绘两组小鸟果树图，一组绘两红鸟栖左右两枝，树干矮短、枝平而长，硕果累累；另一组则枝短果疏，两只鸟黄眼白腹蓝羽，前后交栖于果枝，前鸟鸣叫，后鸟沉默。两组小鸟的姿态、画法、构图有明代画院画家朱佐《花鸟六段图》之风。此高足杯设色典雅，图案都以淡描青花勾线，树叶填苦绿，枝干填古紫，果实填古黄，仅在果实部分或鸟背点染矾红。整个杯体亭亭玉立，极具柔和之美，是成化官窑斗彩中具有代表性的作品。

再次，成化斗彩的施彩方式也精炼多变，以填彩为主，间以覆彩、点彩和染彩。所谓覆彩，是指在青花纹饰上盖一层彩。成化斗彩全器有填彩或覆彩的，有以填彩为主青花渲染为辅的，有填彩和覆彩结合的，还有以青花渲染为主点彩、填彩、覆彩作为点缀的，这些多变的施彩方式为成化斗彩带来了丰富的语言形式。如中国台北"故宫博物院"藏的成化斗彩花蝶纹杯（图3-3-3），画面为蝴蝶、兰草和秋菊三种秋天的小景物，谓之三秋图。杯体精巧，胎薄如蝉翼，杯外壁两组纹饰先用青花勾勒，再在花叶及山石的草菊上覆一层苦绿和矾红，花枝上点染矾红。蝴蝶填覆上古黄和姹紫。多种施彩方式结合，设色恰如其分，有如一幅清雅的秋天小景。

总之，成化斗彩以其雅致的设色、玲珑的造型、如玉的胎体、莹润的釉色，成就了中国彩瓷史上最为秀丽典雅的一页。

图 3-3-1 出土于珠山成化地层的斗彩连托八宝纹碗

图 3-3-2 成化地层出土的斗彩小鸟果树纹高足杯

图 3-3-3 中国台北"故宫博物院"藏的成化斗彩花蝶纹杯

参考文献

〔1〕熊寥，熊微.中国陶瓷古籍集成.上海文化出版社，2006.

〔2〕志费尼著，何高济译.世界征服者历史·撒麻耳干的征服.内蒙古人民出版社，1981年.

〔3〕扬之水.曾有西风半点香.生活·读书·新知三联书店，2012年.

〔4〕刘新园.景德镇出土明宣德官窑瓷器.鸿禧艺术文教基金会，"中华民国"八十七年三月.

〔5〕叶佩兰.中国彩瓷.上海古籍出版社，2005年.

〔6〕张福康.中国古陶瓷的科学.上海人民美术出版社，2000年.

〔7〕中国硅酸盐学会.中国陶瓷史.文物出版社，1982年.

下篇　釉上彩绘

釉上彩绘在本书中是指在已高温烧制而成的瓷胎造型的表面，使用低温色料进行装饰纹样的绘制，然后再入窑炉进行二次低温烤花而成的陶瓷装饰工艺形式。低温色料是着色金属氧化物通过与含铅、硼的熔剂配伍而形成的彩绘色料。就景德镇窑范围，本书所涉及的釉上彩绘以古彩、粉彩、新彩为主要内容。

景德镇窑的釉上彩绘按照出现时间的先后，有（五彩）古彩、粉彩和新彩。在青花引领景德镇彩瓷发展主流地位近四百年之后，以古彩为先的釉上彩绘工艺形式，开始逐渐改变着景德镇彩瓷对色彩的审美；粉彩的出现将彩瓷美丽而华贵的皇家气质展露无遗；新彩的发展则使景德镇彩瓷在保留美丽色彩审美的同时，发展出景德镇釉上彩绘前所未有的多元化艺术表现形式。虽然这三种釉上彩绘工艺形式有着各自独立的发展方式和道路，但是新彩为具有更加本土韵味的古彩、粉彩提供了材料、工艺的补充和完善。

景德镇釉上彩绘的起源可以追溯到宋、金时代的定窑金彩、磁州窑的红绿彩，特别是金代定窑的釉上红彩和磁州窑系的釉上加彩，这些工艺技术的出现和发展可以说对景德镇釉上彩绘有着极为重要的影响作用，从烧成温度和工艺材料的属性等方面，都为景德镇釉上彩绘的出现和发展提供了技术支持。元代景德镇在吸收磁州窑系红绿彩工艺的基础上，以 800 度左右的温度在已高温烧制而成的白瓷上成功烧制出红绿彩，红绿彩可以说是首开景德镇窑釉上彩绘的先河，为明代五彩的出现奠定了材料和工艺的基础。景德镇瓷质细白的优势能够呈现出釉上彩绘更为细腻的艺术风格。景德镇陶瓷材料和工艺的特点把具有世俗审美意义的彩绘装饰引向极致精美和华丽。

第一章

景德镇窑的古彩彩绘

古彩彩绘是景德镇釉上彩绘中具有真正本土化意义的彩绘工艺形式，古彩在雍正朝粉彩发展盛行之前，称谓为五彩。按照现在景德镇沿用的习惯，把五彩称为"古彩"。本书所提及的古彩或者五彩均属于一个探讨范畴，康熙之前称为五彩，康熙以后即称"古彩"，称谓之别在下文有所谈及。古彩与粉彩、新彩共同构成景德镇三大釉上彩绘工艺形式。古彩的原乡质朴之味，在当今陶瓷艺术趋于多元化发展的进程中，具有更加纯粹的中国精神。在现当代陶瓷艺术提倡风格的多元化、艺术表现形式日趋国际化的影响下，古彩的民间味道开始为人瞩目，这种民间味道似乎更加令人体会得到与中国传统陶瓷艺术精神的心有灵犀。

第一节 古彩的起源

古彩是当今景德镇三大陶瓷釉上彩绘工艺形式之一，如今谈及古彩，通常亦指五彩。古彩称谓的形成在一定意义上体现了它的发展历程，从釉上五彩发展到青花五彩，再以釉上五彩成为五彩发展的典范。在经历康熙釉上五彩巅峰发展之后，雍正朝由于粉彩的成熟发展而使得五彩开始逐渐走向衰退，此后的五彩多为"仿古"之作，五彩因此而得名"古彩"。

清代乾隆年间成书的《南窑笔记》中有言："……五采（彩），则素瓷纯用彩料画填出者是也。"再有乾隆年间朱琰在其《陶说》中言："五彩，用烧过纯白瓷器，绘彩、过炉火烧成。"从中可以分析出"五彩"指的就是釉上五彩。两则文献记载对于"五彩"的定义基本一致，只是文字描述略有差异。依照现今古彩的工艺形式，古彩的概念为：在已经过1320度左右的高温烧成的白瓷胎上，以珠明料彩绘出装饰纹样，再以平填技法将透明水料覆罩在已彩绘完成的纹样之上，最后入烤花炉经过760度至800度的低温二次烤花而成。

一、古彩称谓的变化

在"古彩"称谓形成之前，有大明五彩、康熙五彩、硬彩、釉上五彩、青花五彩等称谓，这些称谓有的是基于工艺形式的不同而产生的，有些是由于时代的变迁、工艺成就之高或者是因为工艺形式的变化而形成的。

大明五彩、康熙五彩是以所处时代来命名，这一方面说明了它们在当时景德镇彩瓷艺术中的翘楚地位，又体现了它们在工艺形式上的变化。大明五彩多为青花五彩，而康熙五彩则以釉上五彩为主。

"釉上五彩"和"青花五彩"的不同称谓，一方面说明了它们各自的工艺方式的不同，另一方面呈现出它们发展变化的时代特征。釉上五彩是指直接在烧制好的瓷胎上进行彩绘装饰。景德镇釉上五彩，是在金代北方磁州窑系釉上彩的影响下发展起来，经过元、明两代的发展而至成熟，为明代宣德朝青花五彩的出现和发展奠定了工艺基础。清代康熙朝之前的釉上五彩，多以红、绿、黄色为主，尤以红彩更为多见。彩绘工艺多以红彩勾画纹样的轮廓，以平涂填塌的方式进行红、绿、黄等色彩的施色。由于明代各朝喜好红色，因此釉上红彩作为釉上五彩工艺的一种形式而流行于明代。

随着康熙朝釉上蓝料和釉上黑料的广泛使用，釉上五彩逐渐成为五彩的主要工艺形式。釉上蓝彩替代釉下青花，一方面简化了青花五彩的工艺过程，又在一定程度上降低了青花五彩的次品率，是五彩在工艺上的进步和发展。釉上黑料的使用不仅使得五彩有了更加丰富的色彩，而且在一定程度上使得五彩纹样的勾勒更加细腻、更加有筋骨之神。五彩的这种由于材料变化而带来的工艺变化，成为康熙五彩巅峰发展的必然。"康熙五彩瓷器不但色彩丰富，而且画技精湛，图案自然生动，一改明代嘉、万五彩只重色彩、不细究形貌的粗率作风"[1]（图 1-1-1，图 1-1-2）。

青花五彩是在釉上五彩的工艺基础上发展而来的，是以青花作为蓝色而呈现在五彩中，其中包含釉下彩绘工艺和釉上彩绘工艺的结合，是在成型的泥坯上以青花料彩绘出纹样

图 1-1-1 青花五彩人物纹盘，明万历，中国陶瓷全集

图 1-1-2（釉上）五彩洞石花蝶执壶，清康熙，中国彩瓷

1. 吕成龙，《明清官窑瓷器》，中央编译出版社，2009 年，第 121 页。

的局部，预留出需要再次进行釉上彩绘的部分，施以透明釉经过高温烧成后再进行釉上彩绘，彩绘完成后再次入低温烤花炉进行二次烤花而得之。青花五彩是明代五彩瓷的主要生产品种，这种五彩的工艺形式创烧于明代宣德年间，在嘉靖、万历二朝得到高度的发展，蓝色青花丰富了五彩的色系，而且孔雀蓝、孔雀绿、紫、赭等色也用于青花五彩中，因此，青花五彩发展至嘉靖、万历时期，色彩丰富而艳丽。

硬彩是与粉彩相比较而形成的，《匋雅》载："康熙彩硬，雍正彩软。"充分说明了五彩和粉彩的面貌之别给人的感受。在《饮流斋说瓷》中也有类似的说辞："硬彩者，谓彩色甚浓，釉傅其上，微微凸起。软彩者，又名粉彩，谓色彩稍淡，有粉匀之感也。"从中可以看出"硬彩"之称的来由。

古彩是在粉彩跻身景德镇彩瓷发展主流地位之时对五彩的称谓。在《简明陶瓷辞典》中对古彩有如此定义："古彩，即康熙五彩。是清雍正朝粉彩盛行后仿古、外销的品种，因此景德镇制瓷业称康熙彩为古彩"。"粉彩自雍正朝盛行以后，景德镇的彩瓷即以粉彩为主，康熙五彩只是作为仿古之蓝本，所以后人又将康熙五彩称为'古彩'"[2]。就此"古彩"之称谓一直沿用至今。如今景德镇窑的古彩发展面貌多以釉上五彩的形式呈现，从一般意义来讲，在谈及古彩时，必包含从五彩发展变化到古彩的过程。

二、五彩的创烧

追溯五彩的发展历史，可以从金代北方瓷窑的釉上五彩为启，也即釉上五彩应始于金代的北方瓷窑。"金代五彩瓷器的确定，是近代的研究成果，经过多年考古发掘工作的不断深入，根据许多出土为我们全面认识金代瓷器有很大帮助。

2. 吕成龙，《明清官窑瓷器》，中央编译出版社，2009年，第121页。

尤其釉上五彩瓷器，过去磁州窑系各地方窑时有出土。"[3] 据近二十年来的考古调查和发掘发现，金代生产釉上红彩、红绿彩和五彩的窑厂很多，以河北的观台、河南的鹤壁集、山西的长治八义等窑厂遗址为主，这些遗址的发掘，证明了金代釉上五彩的发展。日本东京国立博物馆、出光美术馆收藏的金代"五彩水禽纹碗"、金代"五彩鱼藻纹碗"，以红色彩绘碗内主体纹样水禽和游鱼，用绿、黄二色彩绘花叶水草，色彩红、绿浓艳对比强烈，笔法洒脱恣意，反映出金代五彩瓷的匠心精进（图 1-1-3）。可以说，金代北方瓷窑的釉上五彩对后世景德镇五彩瓷的发展产生了深远的影响，为景德镇明代发展起来的青花五彩提供了材料及工艺技术的准备。

图 1-1-3 五彩水禽纹碗，金，五彩名瓷

　　元末明初曹昭在《格古要论——古饶器》中评述："……元朝烧小足印花者，内有枢府字者高。新烧者足大，素者欠润，

3. 叶佩兰，《五彩名瓷》，山东美术出版社，2005 年，第 10 页。

有青花及五色花者，且俗甚矣。"元代新烧之器中的"五色"是指"五彩瓷"，作者认为其花哨而俗气，显然这是与白瓷、卵白瓷、青花瓷比较而形成的认识。元代景德镇陶工受北方瓷窑的影响，用红绿彩或红、绿、黄彩绘五彩瓷，在吸收北方磁州窑系红绿彩工艺的基础上，成功烧制红绿彩，拉开了釉上五彩发展的序幕。元代景德镇釉上五彩的烧制更为精美，虽然因为当时受"国俗尚白，以白为吉"的影响而生产数量不多，但是却为明清时期五彩的高度发展创造了条件。

　　"明清两代，中央政府和西藏地方政府一直保持着密切的关系。中央政府赏赐各种珍宝，给西藏的这些珍宝在各个寺庙的库房中沉睡了数百年，正在被不断寻觅出来。1985 年，西藏萨迦寺发现了两件宣德款青花五彩莲池鸳鸯纹碗，这两件碗经反复研究确定为宣德御窑产品，正是陶瓷文献上提到但一直没有发现的宣窑五彩。稍后，1988 年景德镇明代御窑窑址发现了宣德款的青花五彩莲池鸳鸯纹盘的残片，这样两次重要发现得到了相互印证。"[4]该研究也印证了明代文献《博物要览》中所提及的"宣窑五彩深厚堆垛"，就此解开了因长期未见传世品，而不可确定宣德一朝是否有青花五彩瓷的一个谜团。这些考古发现证明了明青花五彩于宣德朝已开始烧造，随后青花五彩的发展成为明代五彩瓷的主要工艺形式。

4. 朱裕平，《明代青花五彩和斗彩》，《大美术》，2007 年第 5 期，第 61 页。

第二节 古彩的工艺特征

一、古彩彩绘的材料和工具

1. 材料

古彩所使用的材料有调和剂、画料、填料。调和剂有乳香油、牛胶、清水等。乳香油用作调和珠明料和西赤、小豆茶之用，画料须与调和剂调和方可在白瓷胎上进行装饰纹样的描绘。乳香油亦称作"芸香油"，是在康熙年间才被广泛使用，在此之前，调和剂多为牛胶与水的调和物。乳香油所调和的画料在白瓷釉面上随着画笔的描绘，其线条可获得更加细腻的表现力，所晕彩出的色面明暗关系也更为细腻而富有变化。这也是乳香油替代牛胶的原因所在。

画料有珠明料、小豆茶、西赤、矾红。珠明料多用于装饰纹样线条的勾勒，覆罩水料后烧成呈黑色，也用于描绘纹样中所需的黑色部分。小豆茶，色呈暗红色，用于花头、人物面相及外露皮肤的人体结构等线条的描绘。西赤，色呈大红色与矾红发色近似，但矾红发色更显暗沉和厚重，西赤与矾红都用作皮肤、花卉色彩的表达。

填料，为透明色料，以水调和，其性能不同于画料。所有水料中都含有一定分量的石末、铅粉、石英等。透明色料有大绿、苦绿、古黄、古紫、古翠和水绿。清《南窑笔记》中记载："彩色有矾红，用皂矾炼者，以陈为佳；黄色用石末铅粉，入矾红少许配成；用铅粉、石末入铜花为绿色；铅粉石末入青料则成紫色；翠色则以京翠为上，广翠次之。"其中对古彩所用透明色料的简单配置进行了描述，和现代古彩色料的配置原理基本相同，所不同的是，发色材料现今多为经过化学合成的金属氧化物。这些色料经过绘者巧妙地搭配在一起，构成丰富多彩的色彩审美，色料是成就五彩彩绘的基本条件。

2. 工具

古彩彩绘所用工具主要有画笔、彩笔和填笔。画笔俗称料笔，按照笔肚的大小分作双料、料半和单料 3 种型号，料笔通常用作画面形象轮廓的勾勒，必须具备"尖、圆、齐、健"等特点，笔头尖细才利于线条的勾勒和点的排列，笔肚圆而饱满才有益于饱含珠明料，料笔笔尖压扁之后整齐如一才可以控制线条的粗细，料笔在蘸饱珠明料后笔锋富有弹性才可以描绘出浓黑流畅而刚劲有力的线条。

彩笔是兼用羊毛和狼毫制成，通常用作画面形象的晕染。

填笔是以羊毫制成，用作水料的填色。填笔的羊毫不宜太过丰满，由于水料的构成多为研细的矿物颗粒，笔毛过于丰满不利于水料填色的操作。

二、古彩彩绘的工艺及特征

1. 工艺过程

古彩彩绘工艺按照操作步骤分为两个阶段，一是勾线、晕彩，二是平填水料。首先是用经过调和剂调和的珠明料或小豆茶进行装饰纹样轮廓部分的勾线，然后在小豆茶勾线的范围内以矾红或西赤进行晕染的步骤。其次是在珠明料勾线完成的部分，采用平填技法将水料覆罩其上完成彩绘工艺过程，再入烤花炉经 750 度 ~800 度的低温烤花，烤花过程大致需要 5 至 6 个小时，然后再进行自然冷却至 100℃以下才算完成一件古彩作品的整个工艺过程。

2. 工艺特征

与粉彩工艺相比，古彩的工艺步骤相对简单，没有玻璃白的填色，也没有在玻璃白上点染、洗染净色的复杂而又有难度的工艺环节，但是古彩彩绘对线条的勾画、色料的平填等技法有着极高的要求。虽然古彩在材料和工艺上与粉彩有着许多相同的特质，但是，古彩的线条勾画要求用料浓黑、深浅须一致，勾画线条须处处体现遒劲和张力，填色要求平整、匀净而有一定厚度，烧成温度要求在800度左右，这些工艺要求和粉彩有着极大的差别，也是古彩"硬"、粉彩"软"的原因所在。

古彩彩绘的工艺特征、审美要素都和线条造型分不开，古彩勾画线条的技巧和方法尤为重要，在透明水料的覆罩下，线条所有的特点和视觉感受都显露无遗。以线立形、以线为骨、以线传神是古彩线条造型的境界追求。遒劲有力、运笔的流畅、料色浓黑、粗细变化、疏密有秩，是古彩勾画线条的工艺要求，所有这些特点在透明水料的覆罩下必须夺目而出，否则便失去古彩彩绘具有的工艺特色。

晕彩技法、洗色技法和水料平填技法是再现古彩色彩审美的重要工艺环节，装饰纹样中需要晕彩西赤以及洗染矾红的部分，要求笔法细腻、明暗变化有秩、色彩过渡自然。水料要求填色有一定厚度，色料落笔处要保持厚薄均匀一致。古彩水料平填技法看似简单易行，却有其奥妙，只有经过日积月累的工艺实践，才能掌握填色工艺妙技的经验之道，才可以通过娴熟的技法展现出温润、匀净、透亮的色彩感受，否则色彩烧成后呈现出深浅斑驳不一的色彩块面，而失去古彩色彩的审美价值。

工艺分工是景德镇瓷业发展的一个传统，也是景德镇瓷业特征的体现。从泥料到烧成的每一个过程和环节都存在严格有序的分工合作，这种分工制度在一定程度上让各司其职的艺人们做到施技精进，呈现景德镇陶瓷特有的工艺精神。古彩彩绘也不例外，画者不填，填者不画，烧成亦归他者。这种分工合作的传统和方式现今依然保留着，当然也有例外者，画、填的彩绘过程和二次烧成可以做到一人独自完成，但是瓷胎造型的制作还是有赖于他人的协作。

第三节 古彩的发展状况

一、大明五彩

明代彩瓷的发展成就了明代的景德镇，就此得誉以"天下窑器所聚"、"在明一代，以精至美之瓷，莫不出于景德镇"。"明代瓷业发生了两个重要变化，一是景德镇成为中国瓷器生产的中心，二是官民窑分野形成两个生产体系。在这个新的格局下，中国瓷业的技术趋向成熟，催生出许多新的品种。代表明代瓷业的青花瓷在官窑的支持下异常灿烂，从青花中又衍生出青花加彩、宣德的青花五彩、成化的斗彩和嘉靖万历五彩"[5]。明代在青花瓷发展的基础上，彩瓷也步入了一个飞跃发展的阶段。从制瓷原材料、工艺到绘瓷技法都有着进一步的发展和变化，白瓷质量的提高无疑为彩瓷色彩绚烂的审美提供了优良的载体。明代青花彩绘的高度发展为随之而发展的五彩提供了基因式的审美内容和形式，在五彩的发展过程中，可以清晰地看到青花纹样在五彩彩绘中的延续和影响，青花彩绘也为五彩工艺的成熟发展提供了技艺的支持。

5. 朱裕平，《明代青花五彩和斗彩》，《大美术》，2007 年第 5 期，第 61 页。

青花彩绘的高度成就加上对绚烂色彩的审美追求，使五彩的发展成为必然。

　　洪武釉上红彩技术可以说成就了宣德朝青花五彩的创烧，并就此拉开了明代五彩瓷发展的序幕，在经历数朝的发展后，青花五彩成为明代五彩瓷中的主要品种。

　　"西藏萨迦寺是元代萨迦王朝国师八思巴的圣地，寺中有大量明初永乐和宣德时的金属与陶瓷施品。发现的一对青花五彩莲池鸳鸯纹碗为撇口、深弧壁、廋底、圈足，里口沿以青花藏文为饰，器心绘莲池鸳鸯，外口沿饰宽带青花云龙纹，腹壁绘对称出水芙蓉，两组成对的鸳鸯游弋其中，外底青花楷书'大明宣德年制'款。花卉、鸳鸯分别以红、黄、绿、绛紫诸彩点饰，……是目前所发现烧造年代最早、保存最完好的青花五彩瓷器"⁶。（**图 1-3-1**）自宣德朝开始，华丽浓艳的五彩瓷经过明代历朝逐步发展成熟。五彩瓷在正统至正德时少有生产，其余历朝都在五彩的烧造上取得不俗的成就。

　　明代五彩瓷的发展，大致可划分为三大阶段：洪武、永乐时期的釉上红彩为青花五彩的出现和发展提供了材料和工艺技术方面的支持和准备；宣德朝开始创烧青花五彩，至正德朝这一段时间内，是青花五彩的发展期；五彩瓷经过嘉靖、万历朝的发展以致成熟。

1. 洪武、永乐时期的釉上红彩

　　明代洪武年间，景德镇设置了御器厂，"御器厂的任务是烧造官窑器供宫廷使用，包括朝廷对内、对外、赐赏和交换的需要"⁷。"御器厂平时由饶州府的官吏管理，每逢大量烧造时，朝廷便派宦官至景德镇'督陶'"⁸。御器厂拥有大量技艺熟练而高超的工匠，瓷器的烧造不惜人力、物力，追求"至精至美"。御器厂瓷器的制作不惜耗时费力力求"工

图 1-3-1，青花五彩莲池鸳鸯纹图碗，明宣德，中国陶瓷全集

6. 吕成龙，《明清官窑瓷器》，中央编译出版社，2009 年，第 114 页。

7. 中国硅酸盐学会，《中国陶瓷史》，文物出版社，1982 年，第 361 页。

8. 同上注。

图1-3-2红彩龙纹盘残片，明
洪武，五彩名瓷

致殊常"，精美妙哉的五彩瓷因此产生和发展便是顺理成章的事情。

洪武釉上红彩为明代五彩瓷的发展提供了技术层面以及审美取向的深厚基础，为后来青花五彩的登台亮相拉开帷幕。1964年南京明故宫遗址出土的洪武时期釉上红彩云龙纹盘，内壁画有两条红色腾飞的龙和两朵云彩，龙纹、云纹均以线条造型，笔法洒脱恣意、动感十足。龙纹在盘的内外壁上兼而绘之，并且内外龙纹巧妙地重叠一致，匠心独具，反映出明朝初期制瓷工艺、彩绘工艺水平的高超和精湛（图1-3-2）。从此看出，洪武时期的釉上红彩为宣德青花五彩的创烧和发展铺垫了材料和工艺技术的基础。

用红彩描绘龙、凤、云纹，始出于明初的景德镇，永乐御窑厂遗址出土的明永乐"红彩龙凤纹墩式碗"、"红彩云龙直口碗"，不仅证实了釉上红彩在永乐朝的存在，也为世人展现了明初釉上红彩的面貌，跃动欲飞的龙形象生动，仿若并非臆想而是真实的存在，云纹轻飘若浮。纹样笔法粗放恣意、简略数笔，形象跃然而出，是形的概括、是意的表达。

永乐彩瓷中除了釉上红彩，还有青花红彩、白地孔雀绿彩、白地刻填酱彩、黄地绿彩等彩绘形式的存在，这些说明了明后期的多数彩瓷在永乐时期已经开创。

从材料和工艺的角度来分析，可以看出釉上红彩与五彩之间的一种内在渊源。红彩和五彩中的红色皆用矾红，采用洗色的工艺技法彩填出纹样的层次变化。矾红和黄、绿、蓝、紫等色共同构成五彩中色彩的审美要素。明代早期五彩主要以红、绿二色为装饰画面的主要色彩。由此看来，釉上红彩为五彩的出现和发展提供了材料和工艺上的准备。

2.宣德至正德时期的五彩

宣德窑所生产的五彩瓷品种有釉上红彩、青花红彩和青花五彩，但传世品不多见，实为珍贵。宣德时所烧青花红彩，可以说具有划时代的意义，釉下青花与釉上红彩的结合，开创了综合工艺的新方式。单纯的釉上红彩、红绿彩和单纯的釉下青花，在元代都各自有着长足的发展（图1-3-3）。分属两种工艺范畴的彩绘工艺在宣德时期开始结合，这种以青花与红彩为首的结合形式启迪了青花五彩的发展之路。

图1-3-3 景德镇窑红绿彩花卉纹碗，元，中国陶瓷全集

《博物要览》中所谓"宣窑五彩，深厚堆垛"，虽然不明确所指的是哪一类五彩工艺，但至少说明了宣窑五彩的面貌。"明代人沈德符《敝帚斋余谈》中说：'本朝窑用青花间装五色，为古今之冠，以宣窑品最贵。'传说中的宣德青花五彩在明代已属珍惜之物。从萨迦寺的藏品和景德镇窑出土物看，确实不同凡响。"1984年发现的西藏萨迦寺所藏宣德款"青花五彩莲池鸳鸯纹碗"和1988年景德镇御窑厂遗址出土的宣德款"青花五彩莲池鸳鸯纹盘"，其工艺"动用了三种装饰方式：釉下青花双钩釉上彩填色；胎上刻暗纹釉上彩双钩填色；青花和釉上彩分别双钩填色拼逗纹饰。这种技法以后分别发展成为成化斗彩、素三彩和嘉靖、万历青花五彩[10]"（图1-3-4）。

图1-3-4 青花五彩莲池鸳鸯纹盘，明宣德，五彩名瓷

明代成化至正德时期，景德镇窑的彩瓷以单色釉和青花瓷器的生产为多，在宣德青花五彩的基础上，斗彩应运而生。官窑瓷业开始涉足釉上五彩的烧制，虽然精美，但是传世品不多见。釉上五彩依然以红、绿、黄三色为主，以矾红色料勾绘纹样轮廓，再填绘绿色及黄色透明水料。现藏于英国大不列颠博物馆的"五彩人物骑马图碗"及"五彩莲池禽戏纹盘"是比较完好而不多见的两件传世品。而"五彩莲池禽戏纹盘"

9.朱裕平，《明代青花五彩和斗彩》，《大美术》，2007年第5期，第61页。

10.同上注，第62页。

不仅采用红、绿、黄三色，还以孔雀绿装饰画面中的莲叶，色彩丰富、形象生动，是明代景德镇生产的釉上五彩瓷中极为精美的一件（图1-3-5）。

图1-3-5 五彩莲池禽戏纹盘，明成化，五彩名瓷

宣德青花五彩的出现和发展为成化斗彩的高度成就奠定了工艺基础。成书于清代雍正年间的《南窑笔记》中载："成、正、嘉、万具有斗彩、五彩、填彩三种。先于坯上用青料画花鸟半体，复入彩料，凑其全体，名曰斗彩。填（彩）者，青料双钩花鸟、人物之类于坯胎，成后，复入彩炉，填入五色，名曰填彩。五彩，则素瓷纯用彩料画填出者是也。"从书中作者对"斗彩"、"填彩"、"五彩"概念的界定，可以看出其中各自的工艺差别。作者把五彩认定为单纯的釉上彩，斗彩、填彩虽然是青花与釉上彩的结合，但是有着各自的特点。关于斗彩、填彩、青花五彩名称的差异和工艺表述在许多古籍文献中都有着各自的立场和观点，有人认为填彩是斗彩的一种，有人认为斗彩属于青花五彩的一种等，各种观点的存

在都有着一定的合理性。笔者认为，在景德镇彩绘瓷发展的
历史进程中，不同历史时期彩绘工艺的发展变化都会带来某
种工艺在时下的认同和流行，一旦某种工艺形式受到推崇，
这种工艺形式的名称就会以一种前所未有的称谓出现。斗彩、
填彩、青花五彩从广义的角度来看，应该属于同一个工艺范畴，
而从工艺的细微差别中又可以认定它们是各自存在的。斗彩
在明代成化年间有着突出的成就，而且基本上是官窑产品，
在明代获得了极高的评价，因此可以这样理解，斗彩是在前
朝青花五彩的基础上进一步发展而来的。

《明史·食货志》云："成化间，遣中官之浮梁景德镇，
烧造御用瓷器，最多且久，费不赀。"明人王士性《广志绎》
记述："本朝以宣、成二窑为佳。宣窑以青花胜，成窑用色浅淡，
颇成画意，故宣不及成。"《博物要览》记述："成窑上品，
无过五彩。"从这些文献中可以看出，成化时期官窑瓷器的
烧造数量很大，而五彩瓷也愈加精美，但是成化窑景德镇瓷
器更为引人注目的是斗彩。

明弘治朝的刻填五彩是彩瓷中最有特色的品种，是将成
化时期的刻花填彩工艺拓展成刻填五彩。刻花填彩的工艺是
在尚未烧出的坯胎上，先刻画出装饰纹样，罩上透明釉经过
高温烧成后再施彩于刻画好的纹样之上，最后经低温烤花而
成。中国台北"故宫博物院"所藏明弘治款"五彩云龙纹盘"
便是典型一例，盘中心突出的部分刻画出龙纹、云纹，罩透
明釉烧成后再以孔雀蓝彩、黄彩罩填其上。弘治时期的其他
五彩瓷则基本是成化风格的延续。

正德时期的五彩瓷制作工艺精良，尤以釉上五彩颇为突
出。正德釉上红彩瓷盘造型颇多，而且红彩鲜亮明艳（图
1-3-6）。正德时期的釉上五彩同样多用红、绿、黄三色，以

图 1-3-6 红彩折枝花果纹盘，
明正德，中国台北"故宫博物院"
藏，五彩名瓷

图 1-3-7 红彩波斯文盘，明正德，中国台北"故宫博物院"，五彩名瓷

红绿色调为主，黄色多用于色彩的衬托。也有以黄绿色调为主，而以红色用作装饰纹样色彩的点缀。正德釉上五彩瓷的装饰纹样，除花鸟、龙纹之外，还有以波斯文作为装饰内容，这形成了正德时期五彩瓷的另类风格，而显得尤为难得（图1-3-7）。

3. 嘉靖、万历五彩

明代五彩发展至嘉靖、万历时已是相当成熟，是五彩瓷高度发展的时期。嘉靖、万历二朝的青花五彩瓷，工艺分工越来越细，而且生产数量蔚然可观，在五彩瓷的发展历史中有着极为重要的地位。这与当时社会经济的发展有着一定的关系。明代后期随着商品经济的发展，出现资本主义萌芽，因为经济的繁荣发展，富裕的商人开始追求奢靡的生活，对于皇室贵族享用的奢侈器物也尤为热衷，这促进了景德镇民窑五彩的发展，出现许多不属款识的五彩精品，工艺制作不亚于官窑产品。这一时期的五彩呈现华丽浓艳的风格，青花多采用伊斯兰进口的青料，色泽青艳中泛紫，和釉上红、绿、黄、紫等色配合而呈现浓艳热烈的色彩效果。

嘉靖朝瓷器生产量在明朝最多，官窑和民窑皆大量烧制釉上五彩，许多民窑釉上五彩外销日本，使日本成为保存我国明代彩瓷最多的国家。青花五彩则官窑生产为多。由于采用"官搭民烧"的做法，出现了官窑民窑竞烧的局面。"官搭民烧"制度的确立，一方面使得瓷器烧造的数量迅速提高，另一方面，又为官窑民窑之间相互影响、相互交流和学习提供了机会。官窑严格的分工合作制度以及对瓷器烧造质量的严格控制，对民窑的发展也有着极大的促进作用。同时瓷器的对外输出也极大地刺激和促进了陶瓷品种的创新。进入明代政权统治后，朱元璋推行禁海令，严禁私人出海进行贸易活动，但是由于海外贸易巨大利润的诱惑，私人出海贸易并没有因禁海令的颁布而停止过。进入嘉靖朝后，海禁放开，允许民间与东西诸番进行贸易交流，这大大刺激了中国瓷器对外贸易的需求，直到万历朝，景德镇民窑依然在为外销至欧洲的来样订单进行大量的生产。

嘉靖五彩的釉上部分以红、绿、黄、紫、孔雀蓝、黑彩描绘图案，其中以红、绿、黄为主色，亦有金彩等多种色彩的五彩器。嘉靖"青花五彩云鹤纹罐"，造型圆浑饱满，纹饰笔法粗犷，装饰纹样布局在整个造型上，以青花加红、绿、黄三色彩绘。黄鹤以红彩勾画轮廓，再填入黄彩，杂宝及朵花点缀其间，主题纹饰上下分别彩绘变形莲瓣纹及蕉叶纹。整个画面色彩以红、绿、黄为主，热烈而不浮躁，非常典型地显示了嘉靖五彩的特点（图1-3-8）。"青花五彩鱼藻大盖罐"，是嘉靖青花五彩瓷中非常具有代表性的杰作，盖与

图1-3-8青花五彩云鹤纹罐，明嘉靖，高19.3cm，口径13.2cm，足径11cm，故宫陶瓷图典

图1-3-9青花五彩鱼藻文盖罐，明嘉靖，中国陶瓷全集

图1-3-11五彩凤穿花纹梅瓶，明嘉靖，中国陶瓷全集

图1-3-12五彩海马纹盖罐，明嘉靖，中国陶瓷全集

11. 叶佩兰，《五彩名瓷》，山东美术出版社，2005年，第46页。

罐体都以鱼藻为主题纹饰，装饰构图饱满，以黑料勾画水藻、荷叶，釉上彩料主要有红、绿、黄、紫等色，青花色点缀其中。采用红彩勾画鲤鱼的轮廓和结构细节，再罩填黄彩，八条鲤鱼形象各异，生动而动感十足，分布在罐身一周。四组荷花和不同姿态的水藻环绕罐身，与鲤鱼共同构成生动的画面。盖罐肩部绘色彩各异的莲瓣纹，足底部位以青花彩绘蕉叶纹。虽然盖罐是通体装饰，但是画面布局疏密有致，色彩丰富却不繁乱，是嘉靖时期不可多得的一件珍品（图1-3-9）。

嘉靖五彩瓷器的装饰内容丰富，有以龙凤为主体并配以水波、祥云纹的纹样，也有以花卉、禽鸟、鱼藻为主题的纹样，还有以婴戏或人物故事为题材的装饰，另外以"云鹤、寿星老人、灵芝、璎珞、八卦八仙等具有宗教意念的图案"[11]在嘉靖时也较为多见（图1-3-10、图1-3-11）。装饰内容追求繁缛之风，装饰纹样通常布满造型全身，繁密至极，呈现"务极华丽"之风。在国内外许多博物馆中，嘉靖五彩瓷传世品很多，其中大器较多，如大罐、大缸、大盘等（图1-3-12）。

万历五彩烧造繁多，大量外销，尤以日本为多。万历五彩瓷造型追求形体高大奇特，青花只作为画面色彩的点缀，

图1-3-10五彩人物纹碗，明嘉靖，中国陶瓷全集

釉上彩料运用丰富，色彩浓艳华美，装饰纹样也以满密为胜，并且喜采用镂花工艺。《博物要览》载："漏空花纹，填以五彩，华若云锦。"以镂空工艺和五彩相结合的装饰方法，是五彩瓷在明代出现的新品种。万历款"五彩镂空云凤纹瓶"是典型的镂空五彩装饰。此作品运用镂花与彩绘工艺相结合，从器口至器底分七层不同的装饰形式分布器身，纹样布局繁密，色彩热烈，红、黄、绿、青花等诸多色彩把整个造型装饰得浓艳华丽（图1-3-13）。

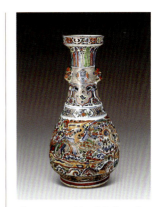

图1-3-13五彩云凤纹瓶，明万历，中国陶瓷全集

万历五彩装饰的内容仍以龙凤花草为主，尽显皇室审美风范。花鸟、鱼藻、婴戏、八仙、百鹿等题材也是常见纹样，还有以五彩纹样装饰具有有道教色彩的人物雕塑造型。万历五彩中还常见灯笼、海水江芽、团鹤等吉祥纹样，这些纹样的形式处理多受明代织绣图案的影响。另外，无论是青花五彩还是釉上五彩，盒类造型较多，造型样式有圆有方有菱形，通常是果盒和文房用具（图1-3-14）。

图1-3-14青花五彩龙凤纹圆盘，日本根津美术馆藏，五彩名瓷

嘉靖、万历年间，无论釉上五彩还是青花五彩皆呈现高度发展，是明代五彩瓷发展的鼎盛期，造型高大奇特，装饰纹样取材类型多样，纹样布局繁密，色彩丰富而华丽，青花多以点缀色出现在五彩画面中，与成化时期的秀美形成鲜明的对比，在明代五彩瓷历史中占有重要的地位。

二、康熙古彩

清初，因受朝代更替和战乱的影响，瓷业发展受到阻碍。御器厂也因战乱遭到破坏。顺治时期，五彩瓷的生产从数量到质量都因为社会矛盾受到影响。官窑生产沿用明制，"有命则供，无命则止"，因此从传世品来看，明代发展下来的青花五彩在这一时期非常少见。清代康熙时期，景德镇瓷业经过一段时间的恢复，至康熙十九年，官窑瓷器的烧制得以重新开始，在继承明代彩瓷工艺的基础上，开启了景德镇彩瓷又一个新的历史时代。

五彩发展至康熙朝，积蓄了元明以来三百多年的彩瓷经验，制瓷技术超越前朝历代，陶瓷造型日渐丰富，陈设瓷类瓷胎造型日渐增多，且多见高大雄浑而刚健的器型。五彩在材料和工艺上的改进和变化以及在版画艺术形式的影响下形成的新的风格，令五彩在康熙时期呈现巅峰发展状态。在此之后，因为粉彩的成熟发展而使得五彩在雍正朝开始渐近衰落，以致雍正以后再无成就，所出作品多以仿制前朝为继，后人因此以康熙朝为分水岭，称谓五彩为康熙"古彩"，一直沿用至今。这既是对康熙五彩因材料和工艺的变化而成为纯釉上五彩的界定，又是对在此之后五彩再无成就而多仿古之作的说明。如今景德镇一直沿用"古彩"，故按照当地称谓习惯，笔者以康熙朝为界，就此以"古彩"为名。

康熙年间，经济得到发展，社会政治秩序稳定，百姓安居乐业，社会呈现繁荣发展的局面。景德镇窑的制瓷业在相对稳定的时局中得到了进一步稳定发展，生产规模也得以扩大。康熙帝不但钟情汉文化而且由衷热爱陶瓷艺术，康熙十九年、康熙四十四年，分别在景德镇窑派驻督陶官藏应选、郎廷极督理官窑陶瓷的生产。"藏窑"、"郎窑"就是在这一时期为景德镇窑陶瓷的发展产生了重要的推进作用。景德镇瓷业生产在工艺技术以及生产量上，都达到了历史高峰。康熙朝是古彩瓷发展具有划时代意义的一个历史发展时期。从材料的丰富到工艺的变化、从色彩的丰富到审美的变化，康熙古彩都呈现出不同以往的面貌；从彩绘技巧到艺术表现风格，都有超越前朝而呈现的精湛和成熟。釉上黑料、蓝料的使用，改变了古彩的彩绘工艺，使得康熙古彩成为真正意义上的"釉上五彩"，正如《南窑笔记》中所言："五彩，则素瓷纯用彩料画填出者是也。"康熙古彩彩绘工艺的工致严谨，画面形象的生动传神，改变了明代嘉靖、万历时只重色彩而不讲究造型的粗率画风，色彩的强烈对比也开始趋于色彩的和谐对比。中国绘画和木版画的艺术表现形式对康熙古彩的重要影响，使得五彩形成了更有意味的装饰性特征，呈现出鲜明的时代特征。因此，古彩在康熙时期的辉煌成就成为后世难以超越的典范。

康熙时期景德镇陶瓷艺人在大明五彩的基础上，改进釉上彩料的制作工艺，把红、黄、蓝、绿、紫等基本色调配出深、浅、浓、淡的多种色阶。其中，绿色可分为古大绿、古苦绿、水绿、淡水绿等，紫色可分为红紫、蓝紫，翠色则分为古翠、淡翠。色彩的应用和搭配不像大明五彩那样，追求大红大绿形成的强烈色彩对比，而是在色彩的对比中寻求细腻的变化，并呈现一种沉静素雅的感受。另外，金彩在五彩中的运用较前朝具有更加娴熟的技巧，不仅为五彩装饰增添华贵富丽之气，其娴熟细腻的技巧让五彩又呈现出秀雅明亮的视觉效果。

康熙古彩的彩绘技艺更显纯熟，线条造型结构严谨，具有写实性特征，这与釉上黑料以及调和色料的"芸香油"的使用不无关系。前朝五彩画料使用的是水料，是以水和牛胶的调和物作为色料的调和剂，这种材料的性能决定了装饰形象无法做到精细入微的刻画，所绘形象粗率而缺少细腻的笔法和明暗的变化。芸香油的使用，使得釉上黑料可以贮存笔端，随笔自如地在瓷胎表面勾画出黝黑的线条，线条可粗可细，笔法可做到刚柔相济。以油料渲染形象，可呈现细腻的明暗变化，这使得康熙古彩的形象达到了前所未有的精细程度，并具有丰富的变化。

康熙时期古彩装饰的内容和题材在继承前朝成就的基础上，产生了巨大变化。古彩装饰的表现题材不仅丰富多样而且表现手法也产生了新的变化，创造了康熙古彩的新形式、新内容、新风格。装饰题材极为丰富，涉及社会生活的方方面面。在继承前朝题材的同时，古彩装饰题材大量出现反映百姓安居乐业的世俗内容，人物故事题材大行其道，仕女图、婴戏图、神话人物、历史人物、戏曲小说人物等都大量出现（图1-3-15）。正如《匋雅》中所言："康熙彩画手精妙，官窑人物以《耕织图》为最佳，其余龙、凤、番莲之属，规矩准绳，必恭敬止，或反不如客货之奇诡者。盖客货所画多系怪兽老树，用笔敢于恣肆。西人多喜购之……花卉、翎毛画法精绝，一空前古。"[12] "然客货所画类皆《水浒》、《西厢》之故实为多。"[13]（图1-3-16）花鸟题材、山水题材也丰富多样。康熙古彩装饰在接受宫廷及文人画影响的同时，又受到明清版画的题材和技法的深刻影响。彩绘陶工出于对社会审美趣味的了解，版画中所体现的人物故事以及其中包含的祥瑞意

12.寂园叟撰，杜斌校译，《匋雅》，山东画报出版社，2010年，第18页。

13.同上注，第20页。

图1-3-15 五彩水浒人物图大盘，清康熙，中国彩瓷　　图1-3-16 五彩仕女图折边盆，清康熙，五彩名瓷

识都为古彩装饰吸收融合，使康熙古彩产生了整体性的新风格（图 1-3-17）。

康熙古彩装饰的陶瓷造型具有高大、雄浑、刚健的特点，如观音尊、凤尾瓶、棒槌瓶、方瓶等，是前代不曾有的造型新样式，这类陈设瓷造型与古彩装饰的融合可谓恰如其分，呈现无懈可击的完美。"今世所贵之大凤尾瓶、大棒槌瓶、大观音尊，皆客货之施彩者。官窑以雅饬为贵，客货彩画。则不嫌其诙诡也。是以康、雍五彩之官窑以盘碗为多，而有款大瓶甚不易见。"[14] 这类高大造型多出自民窑，而官窑则以日用陶瓷器皿居多。康熙古彩的艺术成就多体现在民窑，新造型、新题材、新风格皆在民窑产品中呈现不俗的成就，康熙民窑古彩可以说是景德镇窑历史中唯一可以媲美于官窑的彩瓷品种（图 1-3-18）。

图 1-3-17 五彩绶带鸟绣球花卉图将军罐，清康熙，景德镇陶瓷馆藏（上），第 59 页　图 1-3-18 五彩贴金鹭鸶莲池纹凤尾尊，清康熙

三、古彩的衰退

雍正朝，粉彩瓷器得到成熟发展，开始大量烧制，占据了彩瓷发展的主流地位，而古彩瓷逐渐减少。雍正时期的古

14. 寂园叟撰，杜斌校译，《匋雅》，山东画报出版社，2010 年，第 19 页。

彩和盛极一时的康熙古彩相比，用色趋于淡雅，装饰的形式较为疏朗，虽彩绘工艺依然细腻，但笔法一改康熙的遒劲有力而趋向纤弱（图1-3-19）。这种变化和粉彩瓷的盛行有着一定的关系。粉彩的流行，使得粉彩瓷不但居彩瓷的主流地位，而且也引领着彩瓷的审美取向。粉彩瓷宫廷化的审美趣味极大地影响着雍正古彩在工艺技法上的表达，可以看出雍正古彩在彩绘工艺上吸收了粉彩的技法特点，而呈现清新柔和的审美感受。雍正以后，古彩瓷逐渐被粉彩瓷所取代，所产古彩多为仿制前朝的产品，再无成就。

图1-3-19 五彩蝴蝶纹碗，清雍正，五彩名瓷

从道光二十年鸦片战争爆发以后，清代政治发生了巨大变化，中国逐渐沦为半殖民地半封建社会，瓷业的发展同经济、文化事业一样，随国势之日衰，逐渐走下坡路。这正如《匋雅》所载："中叶以后，深厚固不如康熙，美丽也不及雍正。唯以不惜工本之故，犹足以容与中流。嘉、道以降，画工彩料直愈趋愈下……"[15] 清末彩瓷已不再有往昔的辉煌，古彩瓷也就此不可避免地走向衰退。

15. 寂园叟撰，杜斌校译，《匋雅》，山东画报出版社，2010年，第18页。

第四节 康熙古彩的艺术成就

康熙古彩深得欧洲人的喜爱,被赞誉为"中国美术"、"康熙美术",可见康熙古彩瓷的艺术魅力。

康熙朝景德镇瓷业在继承前朝工艺传统的基础上,有着进一步的提高,制瓷、釉料、彩绘等工艺水平都较前朝有明显的进步。康熙十九年官窑烧造的恢复,为古彩的发展提供了重要的条件,也为古彩彩绘工艺的更加成熟、表现技巧更加细腻、纹样题材更加丰富多样提供了广阔的空间。

康熙年间,御窑厂在复制大明五彩的生产实践中,发明了釉上蓝彩和黑彩,尤其是俗称"古翠"的蓝彩在烧成后的呈色效果大为提升,其浓艳程度超过了青花。从此,古翠取代了青花,开创了纯釉上五彩的新领域,成就了康熙五彩的主导地位。

图 1-4-1 五彩雄鸡牡丹大瓶,清康熙,日本富士美术馆藏,中国彩瓷

一、成熟的装饰化风格特征

构成康熙古彩装饰纹样的人物造型、动植物的形象、山石树木的意象概括都具有更加成熟而丰富的样式,近乎程式化的特征使得康熙古彩的装饰化韵味愈加浓厚。如,牡丹花花瓣的抽象概括,从花蕊开始层层叠叠向外展开,不是形象的真实摹写,不以生长结构的合理再现"唯命是从",是通过感性认识而获得的理性抽象,是规律化、秩序化的舒展,是像外取意的引导(图 1-4-1)。再如,人物发髻的片黑,不是丝丝缕缕的描绘,是简单率直的涂抹,不在意明暗的变化,

图1-4-2五彩仕女鹿拉车折沿盘，清康熙，东京国立博物馆藏，五彩名瓷

却以美好心理的想象填搁出样式的变化；衣服纹样的描绘，不是面料图案的简单复制，而是高度的意象概括，或细腻或单纯；五官简洁概括，不求眉眼的细腻再现，而是以概括的手法出神入化地刻画出人物表情，以形寄情（图1-4-2）。

带有程式化的形象特征，一方面说明了纹样内容具有成熟的表现方法和发展成型的审美范式，另一方面反映了风格特征的形成和成熟，是信手拈来的形象表达，是长期积累的经验使然。正是因为古彩装饰内容和形象的程式化特征，造就了古彩延续近三四百年依然具有鲜明的传承性特征，也就有了古彩发展至今所保留的一种工艺、审美、风格特征的纯粹性。

二、装饰纹样题材的丰富

康熙朝经济的发展和社会政治的相对稳定，给景德镇陶瓷业的进一步发展带来了机遇。古彩彩绘内容所具有的叙事性，在这个时期得到了充分的体现。安居乐业、男耕女织、相夫教子等题材的出现反映了百姓的生存状态和世俗生活。戏曲故事、刀马人物等题材，则从另一个层面反映了市民阶层喜乐于文化娱乐的精神追求。花果题材就更加丰富，牡丹、梅、兰、竹、菊、桃花、莲花、蟠桃、佛手等以各种丰富的形式展现人们心中的美好。牡丹富贵，梅兰竹菊寓意谦谦君子，荷莲暗喻清廉和人生修为。而仙道人物隐喻一种来自民间的浪漫，才子佳人寄托人生的美好向往，山川河流则反映一种隐逸的精神境界。凡此种种，多样化的装饰题材以丰富的形式展现当时的时代特征和社会生活的多样面貌。

三、釉上黑料、蓝料的广泛应用

青花五彩成就了釉上五彩的发展，而釉上黑料与蓝料的应用，却为康熙古彩提供了步入巅峰式发展的材料和工艺上的支持。

釉上黑料即珠明料的使用，使得古彩线条浓黑而醒目，装饰纹样具有更加明快的节奏韵律，也丰富了色彩的审美。以芸香油调制的珠明料，能更加细腻地表达纹样的内容，彩绘出更多样化的画面层次。蓝料即古翠的使用，则在工艺上改变了依赖釉下青花的工艺方法，这在一定意义上降低了古彩的工艺复杂性和难度，也减少因二次烧成所带来的风险，提高了成品率。古翠，色彩发色稳定，浓艳程度也超过釉下青花，和其他釉上色料搭配在一起，更能呈现出康熙古彩在色彩上形成的鲜明对比，又能在强烈的色彩对比中形成一种均衡的视觉效果，这是釉上黑料和蓝彩带给康熙古彩的一种更为细腻的风格表现，也促成了工艺表现技巧的成熟发展，更成就了多样化的装饰形式和表现内容。

四、表现技巧的成熟多样

芸香油在康熙古彩中的使用，很大程度上促进了彩绘工艺技巧的成熟发展，线条造型技巧丰富多样，油料线条在绘制中所塑造的形象更容易形成微妙的变化。油料的使用使得晕彩技法具有更好的表现力，装饰画面中红色部分的形象因为油料的施彩而富有细腻而丰富的明暗变化。尽管明暗变化不是古彩的主要特征，但是却在成就康熙古彩成熟表现方法中具有重要的影响作用。装饰画面中红彩部分的形象，具有明暗表达的形式和技巧，也使得康熙古彩有了与前朝不同的特征，如此成熟的表现技巧使得康熙古彩装饰画面呈现出丰

图1-4-3 五彩人物棒槌瓶，清康熙，中国彩瓷

富而细腻的层次变化。康熙古彩，"能力最大，纵横变化，层出而未穷也"。其"人物衣褶最为生动，树则老千槎芽，花则风枝婀娜"[16]。这些评论从不同的角度说明了康熙古彩由于工艺技法的娴熟和多样化的表现技巧，而使得古彩装饰形象美妙而生动。康熙古彩吸收渲染技法用于表现形象色彩的深浅、明暗变化，使装饰画面具有丰富的层次和立体感。康熙古彩以独具特色的艺术魅力引领当时的彩瓷发展，并对后世产生了深远的影响。

五、装饰与多样化陶瓷造型的融合

康熙朝景德镇陶瓷造型出现新品种，以象形化的造型为多见，如棒槌瓶、葫芦瓶、观音尊、凤尾尊等，这些大件器物造型饱满、挺拔，充分显示出康熙朝高超的制瓷技术。泥料质地的细腻、造型结构的精巧、少见造型烧成后变形的现象，都充分说明了康熙朝景德镇陶瓷业发展的巅峰状态，极为丰富的陶瓷造型为古彩装饰提供了极佳的载体。古彩装饰纹样的造型特点与多样化的造型相融合，造就出近乎完美的艺术精品（图1-4-3）。

康熙朝日用陶瓷器皿也是极为引人注目的。如攒盘这一是非常具有创新意识的器皿造型，可以说是在造型设计领域中的一种跨越，成为当时功能性陶瓷与装饰审美完美结合的典范（图1-4-4）。

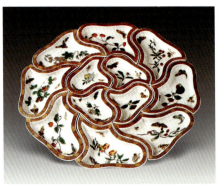

16.寂园叟撰，杜斌校译，《匋雅》，山东画报出版社，2010年，第18页。

图1-4-4 五彩描金花蝶纹攒盘，清康熙，中国陶瓷全集

第五节　古彩彩绘装饰风格特征的形成

　　构成古彩瓷器艺术特征的一个重要内容就是它的装饰性。古彩瓷备受人们青睐的主要原因在于它浓艳明丽的色彩和精美的图案纹样。古彩瓷的装饰题材广泛而丰富，画面内容无论是一种或数种植物，还是具有传统宗教以及神话色彩的图案，纹样造型都采取"观物取象"的方式，把所要表现的对象形式化、规律化、秩序化，强调其象征意义。在构图和纹样的组织中呈现出一种秩序形式，这种形式无论是变化与统一、对比与调和，还是节奏与韵律，都给人以秩序和美感。古彩瓷的图案是以装饰性语言展现出来的，它的构图、画法以及所使用的线条，均追求一种形式美规律。正是这种装饰性的彩绘语言，形成了五彩独特的艺术风格。

一、点线面的写意性表达

　　点、线、面，是构成古彩装饰纹样的基本要素，也是古彩表达装饰形象的重要元素。可以说，没有点、线、面的组合就无法形成古彩的装饰美意义。点、线、面，造就了古彩具有叙事性特征的装饰纹样，无论是动物、植物还是人物形象，点、线、面是绘事表意的重要组成部分，在透明水料的覆盖下，纹样变得生动、亲切、美好，充满一种纹样之外的憧憬、寄望和期许。这种情感的外化，是原乡的味道，是形象之外意的表达。无论是康熙古彩还是前朝的明代五彩，或是后朝渐进衰退的古彩，都是以这样的装饰纹样构成形式存在着，尽管被雍正朝蓬勃发展起来的粉彩较量于景德镇彩瓷主流审美之外，但是，点、线、面造型要素没有因为古彩发展的衰退而改变，依然是构成古彩装饰纹样的基本形象要素。

1. 点

点在古彩装饰纹样中的运用，有着一定的程式规则，点的疏或密有一定的指向性，与不同的透明色料搭配构成具有一定意境的形象或场景。疏，是远景的意象，是起伏的山坡，是安静流淌的江、河、溪流，是人物衣服的装饰；密，是树叶茂密的概括；疏密排列的变化，是形象明暗变化的表现（图1-5-1）。

2. 线

线在古彩装饰纹样的表现中尤为重要，"单线平填"成为古彩的重要特征之一。线是形象造型的骨架，唯有线才能构成纹样的完整面貌。线的长短、疏密、粗细在纹样中交错、变化，使形象生动、细腻、完整。在五彩赤壁图盘中，长短各异的线条，概括出山石丰富的结构特征，线条按照山石的结构，有秩序的排列，形成丰富的空间和层次的变化（图1-5-2）。

图1-5-1 粉彩人物故事图笔筒，清乾隆，中国陶瓷全集　　图1-5-2 五彩描金赤壁图盘，清康熙，中国陶瓷全集

以线造型是通过用笔的技巧表现装饰形象的丰富变化。古彩彩绘的线条要求浓黑如墨，或铁线用笔遒劲有力，或钉

头鼠尼而富有变化。立线有质，以线造型必显其筋骨方可得以传神入意。女性的柔美、端庄，男性的洒脱、刚毅都是依赖线的不同变化而造就的。树干的茁壮、灌木的松散、山石的嶙峋、竹的幽静皆出自线的造化。

3. 面

古彩中装饰纹样面的形成和点、线有着相辅相成的关系、点、线是构成面的主要元素。点、线的疏密排列构成面的形式，线的封闭造型构成大小、形态各异的面。作为古彩装饰纹样中重要的构成元素，面的大小变化、疏密对比、曲直变化是形成古彩具有色彩对比变化的重要决定因素。由点、线构成的面，在透明色料的覆盖烧成后，使古彩纹样具有丰富的节奏、韵律变化，不同色彩的面所构成的鲜明、靓丽的纹样，是民间味道的体现、是质朴直白的审美表达（图1-5-3）。

图1-5-3 五彩庭院仕女图盘，清康熙，中国彩瓷

二、装饰意味的呈现

康熙古彩的装饰性是其重要特征之一。古彩的装饰性特征来于画面形象的变化、夸张、概括、提炼，不是描绘对象的简单再现，而是一种具有浪漫而拙朴的意象归纳。点、线、面的运用带着一种程式化规律，却给形象的塑造打上装饰味道的烙印。这是古彩不同于其他彩绘装饰形式的内在品质。

例如树干的处理。钉头鼠尼的短线条呈45度角倾斜的方式排列在树干间，在众多树木题材的表达中都以这种大同小异的手法进行树干的表现。这种方法不仅表现出树干的斑驳、粗糙质感，而且通过线条疏密的排列还表现出明暗的变化。又如玲珑石的表现，是以具有规律性、长短不一、疏密变化的线条排列，勾勒出石头造型凹凸有致以及明暗的丰富变化，令形象极具装饰性意味。

三、色彩的对比

1.五彩的用色

五彩所用颜色通常以红、绿、黄、紫、青为主，"清康熙五彩瓷器有一件使用了红、绿、黄、蓝、赭、黑、金等七种色彩绘画纹饰。由此可见五彩既有多彩又有靓美的含意，'五'字在这里不是数词而泛指多种。"[17] 以"五"而不是其他量词来称谓五彩，除了以五种颜色为主、"靓美"、"多色"之外，笔者认为，与中国民间传统推崇的"五色观"有一定的联系。

唐孔颖达在《孔颖达疏》中定义五色："五色谓青、赤、黄、白、黑，据五方也。"东西南北中分别以五色代之。刘熙在《释名·释彩帛》对五色的解释："青，生也。象物生时色也。""赤，赫也。太阳之色也。""黄，晃也。犹晃晃象日光色也。""白，启也。如冰启时色也。""黑，晦也。如晦暝时色也。"每种颜色都有各自的寓意。《周礼·考工记》："画缋之事杂五色。""五色之变以章，谓之巧。"《荀子·劝学》："目好五色。"《礼乐记》："五色成文而不乱。"从以上文献可以窥见古人对五色的尊崇而形成的五色观。这种历经不同时代形成的五色观对于古彩中色彩的运用同样产生深刻的影响。五彩瓷的用色虽然不同于传统五色观中的五色，五彩中的青、赤、黄、绿、紫是在"五色"基础上的丰富和调和。五色观中对于"五色之变以章，谓之巧"、"五色不乱，孰为文采"、"目好五色"的认知，足以影响五彩瓷中对色的喜好和运用。"五"在中国传统文化中又寓意"全"、"好"，因此五彩得名是有其文化传统根基的。

17. 叶佩兰，《"斗彩"与"青花五彩"的区别》，《故宫博物院院刊》，1997年第2期。

2. 色彩的对比

色彩的对比，是古彩的又一大特色。正是红、黄、蓝、绿、紫等这些色彩所形成的对比，使古彩具有一种原乡味道的质朴，又有一种颇具张力的视觉冲击。红配绿、黄和紫、蓝等，都是极具视觉冲击的对比色，这种搭配在中国民间艺术中是极为常见的，也说明民间艺术的色彩审美具有惯性的影响作用，它对古彩的影响也是深刻的。中国传统民间色彩是绚丽的、热烈的，它所具有的象征寓意性、程式化和装饰性特征，是中国本原文化的传承和延续，并具有鲜明的民族性与地域性特征。

古彩瓷在历经明、清两代的发展，色彩的变化虽然存在，但是依然保持着相对的独立和稳定，色彩的强烈对比依然具有独特的审美趣味并渐成程式化特征。古彩装饰的色彩对比是借助形象所反映的内容、形式和风格，呈现出一定的民间审美标准。色彩的强烈对比构成古彩的重要审美特征之一，从中国民间传统用色习惯延续的角度，反映出古彩用色是来自于民间而又超越民间审美的一种传统延续，所谓从大俗走向大雅。色彩的对比在古彩发展中的延续令古彩在三四百年的历史中，依然呈现出强烈的中国味道，这是在当代艺术多元发展态势中难能可贵的。正是这种极具中国传统用色之道的色彩对比，让古彩至今焕发出精神层面的民族认同感。来自民间的色彩对比可以为皇家审美所推崇，也说明了古彩所形成的色彩对比不分阶层地受到青睐。民间艺术中的许多工艺和审美形式在其发展历程中，历练出一种包含人类精神的内核，它是深入人心的美好期许和愿望，令民间艺术具有长久的生命力。

四、木版画对古彩装饰的影响

我国木版画历史悠久，具体始于何时还无法完全确证，有汉朝说、东晋说、六朝以至隋朝说。木版画经过汉唐时期的成熟发展，在宋元时期走向兴盛，这与当时流行于世的戏曲、小说等文学艺术形式有着莫大的关系。戏曲、小说的流行极大地推动了民间木版画艺术的发展，木版画作为戏曲、小说文本形式的插图是当时极为流行而被认同的一种艺术形式。版画插图可以帮助普通市民阶层对戏曲、小说内容和情节的理解，同时又能满足他们审美的需要。明清时期，是木版画发展的鼎盛时期，这在一定程度上使得文化的传播有了一种更加世俗化的渠道，大量的版画插图随着小说故事文本流行于世，明清彩瓷的艺术风格受到这些版画插图的影响也是情理之中的。

古彩在经历明代的产生、发展而成熟，步入清代，尤其是康熙年间，进入鼎盛的历史时期，无论是材料、工艺，还是题材内容、形式，都得到了前所未有的发展，是古彩装饰历史的巅峰。木版画在明清时期，由北至南出现了许多版画流派，而能够较为直接对景德镇古彩瓷艺术产生影响的当属徽派木版画。徽派木版画在明代中叶兴起于徽州，主要以白描的手法进行形象的刻画，版画工艺技法工整，画面构图饱满而又有文人画韵味。

徽州临近景德镇，而且徽派木版画鼎盛发展时也正值古彩瓷艺术迈向新的发展时期。艺术门类之间的相互影响，历来有之，而版画对古彩的影响可谓至深而特殊。古彩线条造型的特点与徽派木版画白描式的造型方法极为相似，线条遒劲、刚健，有着木版画刀刻立线的审美味道。徽派木版画中的人物题材更是深刻地影响着古彩瓷人物装饰的内容和形式。古彩瓷人物题材，无论是从内容还是形式上都可以看到木版画的蛛丝马迹，甚至有直接将版画的某些具有代表性的作品转移到古彩瓷装饰的作品中。木版画所刻画的形象，以高度概括和归纳的手法使形象富有一定的装饰趣味，这种装饰趣味在古彩装饰中逐渐形成一大重要艺术特征。传统木版画的某些技法、装饰题材或内容运用到古彩装饰中，极大地丰富了古彩装饰的表现手法和内容。徽州版画艺术对景德镇古彩瓷艺术具有程式化的审美特征也有着重要的影响。古彩的装饰技法、色彩的应用，都可以清晰地感受到木版画的踪迹。康熙中后期的古彩装饰，不仅具有辉煌的成就而成为景德镇陶瓷艺术的一个时代典范，而且在装饰的题材和内容、表现技法与传统木版画艺术有着更近的渊源，在借鉴和吸收传统版画的艺术形式上更加完美而形成康熙古彩瓷艺术独有的魅力（图 1-5-4）。

图 1-5-4 五彩西厢记人物盘，清康熙，中国彩瓷

图1-6-1 五彩麻姑献寿图盘，
清康熙，景德镇陶瓷馆藏

第六节 古彩装饰的题材及艺术内涵

一、人物题材与故事情节

以人物为题材，是体现康熙古彩瓷高度艺术成就的一个重要因素。早期五彩瓷装饰的题材，多以荷莲、牡丹、梅兰竹菊、鱼藻等花草植物为装饰纹样。元代虽然有少量人物题材的出现，但是缺少细腻的表现技法，人物形象缺乏精准的刻画。明代五彩中，人物题材渐趋流行。明代五彩瓷人物题材的装饰画面构图满密，人物形象在画面中体量较小，使得表现主题不鲜明。而康熙时期，有大量的人物题材出现在古彩瓷的装饰中，人物形象丰富而生动。无论是工艺技法还是艺术表现力，都呈现一种巅峰状态。人物题材可以说是康熙古彩具有时代特征、多样化艺术特征、体现人文价值的重要代表。

康熙古彩的人物题材涉及许多方面，有神话人物、历史人物、小说戏曲人物、文人高士、刀马人物、世俗人物等，众多的人物题材都与故事情节的表达密切相关。佛道神话人物如"康熙古彩麻姑献寿图盘"，在康熙时期是重要表现题材之一。"麻姑献寿"的故事来源于民间传说，麻姑是女寿仙，传说得道于江西南城县麻姑山。依照习俗，每逢三月初三日，麻姑会带上自酿的灵芝酒为西天王母祝寿（图1-6-1）。再如："康熙古彩罗汉戏狼图棒槌瓶"，这是一件非常特别的罗汉人物题材的古彩作品，康熙古彩中罗汉图也是比较常见的一类。但是，这件却与众不同，不仅表现罗汉具有的神奇能力，而且把罗汉服饰描画成将士的盔甲装扮，罗汉似乎在与狼言说，表情安静而目光有神，狼则转身背向罗汉，挣脱着链条回头注视，怯生生显得几分敬畏和惶恐。罗汉和狼的一静一动，增强了装饰画面的故事性和生动感，是康熙古彩人物题材中难得的佳品。

　　古彩装饰中的历史人物以及小说戏曲人物，多出现在康熙时期，并且成为以人物为题材的古彩瓷装饰纹样中的重要组成部分。康熙时期古彩瓷中的历史人物以及戏曲小说人物，以精湛的表现技巧和浓厚的故事性使其呈现鲜明的风格特点。康熙古彩中的历史人物和戏曲小说人物多来源于《史记》《封神榜》《三国演义》《水浒》《西厢记》等古典文学作品。这些人物题材都以经典的故事情节片段表现在陶瓷造型之上，可以说每一件作品都是一个或几个故事情节的再现。康熙古彩人物的盛行和当时木版画的流行是分不开的。历史人物、戏曲小说人物是版画取材表现最多的内容和形式，版画和古彩装饰的渊源通过人物题材的表现可见一斑。如《西厢记》是明清时期流行的版画插图文学作品之一，古彩人物故事题材中取自于《西厢记》的数量颇多，几乎每一个具有经典而代表性的故事场景，在古彩装饰中都有所体现，如"张生跳墙夜见莺莺"、"莺莺梦中见张生"等（图1-6-2）。再如《水浒传》，也是康熙古彩人物装饰取材众多的经典文学作品，"三顾茅庐"、"诸葛亮舌战群儒"、"空城计"、"赵子龙大战长坂坡"等经典故事情节是常见的表现内容。

　　取材于《三国演义》《水浒传》《杨家将演义》等经典文学作品中的古彩人物装饰，呈现的不仅是历史人物故事情节、两军对阵的场面，而且也展现一种"戎马精神"。这种精神，是康熙王朝统治阶层的需要，他们以明代亡国为前车

图1-6-2五彩西厢记人物盖罐，清康熙，五彩名瓷

之鉴，认为明代的衰败和国力的衰弱有着直接的关系。因此康熙时期大力提倡骑马射箭、强身健体。这类人物题材俗称为"刀马人"，在康熙古彩中数量颇多，极为盛行，"刀马人"题材的大量流行在很大程度上丰富了康熙古彩的装饰内容，成为当时具有鲜明时代特征的古彩装饰内容之一（图1-6-3）。

图1-6-3 五彩水浒人物纹盘，清康熙，五彩名瓷

　　康熙古彩对世俗人物的描绘也有着丰富多样的取材和表现形式，"耕织图"、"渔家乐"、"渔樵耕读"、"婴戏图"、"庭院仕女"等，都是康熙古彩世俗题材乐于表现的内容。大量这类题材出现在古彩装饰中，以世俗人物的生活场景为描绘对象，以写实的手法描绘出人物的千姿百态，尤以耕织人物形象生动而具有浓郁的生活气息为特点，正如《匋雅》所言"康熙彩画手精妙，官窑人物以耕织图为最佳"，说明"耕织图"类世俗题材，不仅受到民众的热爱，也为官窑所推崇。这也

反映了世俗生活的安逸和平静是不分阶层地受人向往。如"耕织图棒槌瓶"（图1-6-4），是一件康熙时期非常具有代表性的一件反映农民耕作和养蚕纺织的古彩作品。造型的主体部位一面绘农民春米，另一面则画妇女养蚕，而山石树木流水以连续的形式贯穿两个画面。装饰画面充满生活气息，刻画细腻，形象生动。瓶的肩部有锦地开光绘杂宝，瓶颈以山水小景装饰其上。装饰在造型上的分布有主有次，画面内容丰富而饱满，具有极强的故事性。

图1-6-4 五彩耕织图棒槌瓶，清康熙，故宫博物院藏

二、山水题材与隐逸思想

古彩瓷中山水题材隐逸思想的体现，多来自于青花山水题材隐逸思想的影响，而中国文人山水画中体现的隐逸思想是影响二者的母体。隐逸思想对中国文人的影响由来已久，文人追求和向往隐逸的生活状态，以此逃避社会政治对自己人格的异化，因遁世而获得人格独立，以投身自然世界中寻求身心的自由。文人隐逸思想的产生，和其时社会的动荡不安有着直接的关系，不安的生存状态会导致文人因厌世而向往山林流泉之乐。文人在求仕无途，或仕途中遭遇权贵的挤压迫害而无以施展对社会的抱负时，隐逸便是最好的精神解脱。隐逸思想是中国山水画中尤为热衷表现的思想境界，"文人山水画貌似平静的表象，蕴藏着巨大的社会内涵。魏晋时期逃避现实，归隐山林的风骨；隋唐时期宽大襟怀及深邃的理念；宋元时期强调物象以外的内心感受；明清时期的闲情逸致及朝代转变之痛，都可以在文人山水画中找到蛛丝马迹。"[18] 文人画家将隐逸思想消融在作品中，借山水抒发胸中逸气，借悠远的群山飞瀑、小桥流水洗涤精神的困顿和世俗的搅扰，隐逸山水林间是文人画家的精神慰藉

18. 马未都，《瓷之纹》（上），故宫出版社，2013年，第186页。

和追求。

文人画对景德镇陶瓷装饰的影响首先体现在青花山水题材中。元代青花瓷中，文人画的影响始见端倪，晚明时期这种影响变得更加明显而突出。随着山水题材开始出现在青花彩绘中，文人山水画中的隐逸思想也随之产生影响，尤以民窑青花山水中体现得颇为深刻，逸笔草草、形象生动，是景、是情、似境的意象成为民窑青花山水题材的一种审美追求。

青花与五彩的结合始于明代宣德，青花彩绘的内容和形式对青花五彩的影响便是顺其自然的事。那么，以山水为题材的五彩装饰定当是青花山水审美的延续。林中茅舍、枫桥野渡、贤人逸士雅集山涧溪侧，论道听音，这种具有隐逸思想表征的景象自然会成为五彩山水题材表现的主题。古彩发展至康熙，从材料到工艺都发生了变化，表现技法更加细腻丰富，色彩审美趋于对比中求得柔和，各类题材的古彩作品无不呈现精湛的工艺表达和成熟的艺术风格。山水题材被古彩瓷吸收融合是社会审美的一种驱动，丰富多样的山水题材，成为这一时期古彩彩绘重要的取材类型，更趋成熟的表现技法使文人画的隐逸思想在山水间体现得更为鲜明。如清康熙"五彩山水圆盘"中，装饰画面中题："昔闻洞庭水，今上岳阳楼。"圆盘中心主题画面构图在左侧，高远式的构图中，山石树木错落有致。由近及远，山石延绵至远处湖面，一轮红日高悬远山上空，右侧留白处寥寥几笔绘出平静的湖面。画面中没有对岳阳楼形象的直接描绘，所表达的内容令人产生无限遐想，不是岳阳楼，那一定是在去岳阳楼的路途中，画面所见风景是抒发悠山乐水的情境。圆盘折边处，绘有山水通景，河中有一停泊的乌篷船，却未见行舟之人，和圆盘

图 1-6-5 五彩山水图盘，清康熙，中国陶瓷全集

中心画面河岸边的茅草凉亭形成呼应（图 1-6-5）。

　　中国文人山水画流行了近千年之后被景德镇陶瓷彩绘装饰吸收，成为广泛流行的表现题材。古彩山水在吸收青花山水表现技法的同时，还融合版画山水造型的意趣。文人山水对版画同样产生深厚的影响，艺术门类间的相互影响通常顺应时代潮流，而文人山水画的意境和思想情感以一种含蓄的形式不仅抒发文人画家的情志，同样也在其他艺术门类间产生共鸣。山水题材和隐逸思想在古彩瓷中的出现，不仅体现了对这种思想情感形成的共鸣，而且也成为古彩瓷更高层次的精神慰藉和教化为社会审美所接纳，古彩山水便成为百姓接近文人山水的极佳载体，以一种独有的民间浪漫和美好进入百姓的生活。

三、花鸟题材与吉庆传统

从釉上陶瓷装饰工艺产生开始，花鸟题材便一直是主要的取材对象。元明时期景德镇窑的五彩瓷，无论是釉上五彩、釉上红彩、素三彩还是青花五彩，花鸟题材都出现在陶瓷造型的装饰中。而康熙古彩瓷更是将这类题材广泛运用于瓷器造型的装饰中，在继承前朝花鸟题材的基础上呈现更加丰富的内容和形式。花鸟题材在古彩瓷中常见的鸟类有翠鸟、喜鹊、燕、雁、雉鸡、鸳鸯、鹭鸶、孔雀等。植物花卉有牡丹、松、竹、梅、菊花、海棠、莲花、桂花、绣球花、茶花、玉兰、芭蕉等。这些花鸟类题材都是来自民间喜闻乐见的观物取象，对这些物象的表达都各自包含了深刻的寓意。这些具有深刻寓意的题材，和百姓生活以及对美好生活的向往息息相关。先民通过观物取象用一定的构图形式来表达对美好生活的向往，在不断的取材演化中，形成了一种紧紧围绕着吉庆意念的思想情感，这些情感的物象载体承载着先民对自然的敬畏和崇拜、对生命延续的责任、对健康长寿的期望、对幸福生活的祈愿、对富贵荣华的期盼。

从原始彩陶开始，花鸟题材中所蕴含的朴实而真切的情感和愿望，就一直伴随着陶瓷装饰。从早期装饰的符号化形象发展到具有叙事情节的内容，赋予花鸟题材的吉庆思想和情感传统便一直延续在陶瓷装饰中。吉庆思想的传统，是在百姓生活中形成的一种对自然、对社会和生活的朴素认识，基于这一思想的认识，落实到陶瓷装饰中，通常是围绕着"福、禄、寿、喜、财"等方面，其实这些反映的就是百姓生活期盼的全部。花鸟题材作为古彩装饰的题材和内容的一部分，这些吉庆思想伴随着百姓生活的方方面面，以托物寄情的方式注入所描绘的装饰形象中。先民们对于吉庆思想的认识由来已久，在古彩瓷发展的历史中，吉庆传统一直伴随其中。尤其在康熙时期，古彩从材料到工艺的高度发展，为表达这种吉庆思想提供了广泛的空间和渠道。在众多康熙古彩装饰中几乎是"图必有意，意必吉祥"，而花鸟题材更是表达百姓吉庆思想和愿望的广泛取材对象。

　　"清代瓷器，不论官窑或民窑，以寓意和谐音来象征吉祥的图案，使用得比明代广泛。例如：牡丹——富贵。桃子——寿。石榴多子。松鹤——长寿。鸳鸯成双。鹊——喜庆。鹿——禄位。蝙蝠——福。游鱼——富足有余。鹌鹑——平安。戟、磬、瓶——吉庆平安。此外，像荷花象征'出淤泥而不染'，松竹梅'三友图'是清高的含义，菊花象征着经寒耐霜"[19]，这些被注入美好寓意的花卉植物、游鱼鸟雀，不外乎"福禄寿喜财、合和吉祥如意"主体思想的表白。花鸟题材应用于古彩瓷的装饰，不仅从一个侧面反映了人类与自然的和谐共生，而且借助花鸟形象的组合将吉庆思想赋予其中，以托物寄情或是谐音取义的方式赋予花鸟题材以美好寓意。

1. 托物寄情

　　托物寄情，是把取象于自然界中的花、鸟、虫、鱼等和吉祥的寓意联系起来，有些是将生物自身的特殊自然属性与人们现实生活中遇到的问题联系起来，以积极向上的精神意志表达对自然和社会生活的美好期望。如：松柏，属于四季常青的植物，凌寒不凋，生命力旺盛，这种自然属性的特征便成为古彩装饰的题材，以表达长寿康健的寓意和愿望。松竹梅在民间称作"岁寒三友"，梅兰竹菊为"四君子"，它们在凌厉寒冬中依然傲骨英姿，各自特殊的自然属性被注入拟人化的品格而为世人歌颂，不仅为古彩瓷的装饰所喜用，

19. 中国硅酸盐学会，《中国陶瓷史》，文物出版社，2004年，第447页

图1-6-6米色地五彩花鸟纹瓶，
清康熙，中国陶瓷全集

而且也为中国其他艺术形式广泛应用。这类形象不仅寓意着傲骨清高为文人所崇慕，也是普通百姓心中赞美歌颂的对象（图1-6-6）。

莲花，生长于污泥之中，却盛开出圣洁的花朵，寓意"出淤泥而不染"的高洁品格，是古彩瓷极为常见的取材对象，而且经常与其他生物组合在一起出现在装饰画面中，表达更为丰富的吉祥寓意。无论是明代五彩还是清代五彩，莲花是极为常见的题材，装饰画面中时而以翠鸟立于荷叶之上，时而是蝴蝶翩翩飞舞于莲花周围（图1-6-7）。

图1-6-7 五彩花鸟纹盘，清康熙，五彩名瓷

牡丹，在民间被视作花中之王，花开艳丽而雍容华贵，是荣华富贵的象征。牡丹的形象一直是古彩装饰中喜见的花卉题材，而且不同时期牡丹的造型都具有一定的时代特征而呈现不同的造型特点，唯有富贵荣华的寓意在百姓心中不变。

在康熙古彩中，牡丹的形象多以双犄牡丹出现在瓷器装饰中，是康熙时期牡丹特有的造型新形式。这种造型的牡丹，更加体现出雍容华贵的意蕴（图1-6-8）。

石榴，果实硕大且一膜多子，被借喻多子多福。多子在中国传统幸福观念中占据重要地位，多子方可多福，子孙延绵家族方可兴旺发达。在康熙古彩装饰中，石榴是常见的题材，通常以折枝的构图形式出现在瓶类或盘类造型中。

鸳鸯，属于水鸟，雌雄常一起栖息于池沼之上。民间常以鸳鸯比作夫妻，所谓"愿做鸳鸯不羡仙"，以此寓意美好的爱情和婚姻。明代青花五彩中常见绘成双的鸳鸯栖息或悠游于荷塘中。喜鹊，在民间被视作一种吉祥鸟，是喜庆、吉祥、幸福、好运的象征。"时人之家，闻鹊声，皆为喜兆，故谓灵鹊报喜。"门前喜鹊飞过，预示着喜事临门是吉祥的预兆。喜鹊常和梅枝组合多见于古彩装饰中，以喜鹊登梅寄寓吉祥美好的祝愿（图1-6-9）。

图1-6-8五彩四季花卉纹方瓶，清道光或光绪，高47cm，口径10cm

图1-6-9五彩竹雀纹壶，清康熙，中国陶瓷全集

2．谐音取意

谐音取意，是取汉字的谐音而寓意吉祥美好的愿望。鹭鸶栖息莲塘，鹭谐音"路"，莲谐音"连"，寓意仕途"一路连科"。莲又与"廉"谐音，一茎莲花便寓意"一品清廉"；莲池鱼藻寓意"连年有余"。蝙蝠、蝠与"福"同音，常出现在祝寿人物题材的画面中，一起寓意着福寿连绵、吉祥幸福（图1-6-10）。"清康熙'青花五彩鱼藻纹盘'，是专为宫廷使用订烧的器皿。中心画面是两条鲤鱼与莲塘组成图案，可喻为'连年有余'。中心一鲤鱼甩尾从水中跃出，又象征着飞黄腾达。盘壁五组水草、浮萍间绘五种红彩鱼，有鳜鱼、鲶鱼、胖头鱼、鲫鱼和鲤鱼，游鱼姿态各异，寓意'富贵有余'、'年年有余'。底款青花书写'在川知乐'四字，更反映工匠对国家兴旺发达，百姓安居乐业的向往。"[20]

图1-6-10 五彩蝙蝠葫芦纹碗，清雍正，中国陶瓷全集

在百姓生活中，无论是托物寄情还是谐音取意，有太多取自自然界中的形象用作古彩瓷的装饰，以上所列举的花鸟类型只是其中的一小部分，凡此种种，不胜枚举。吉庆传统

20. 叶佩兰，《五彩名瓷》，山东美术出版社，2005年，第123页。

是中国民间文化的一部分，可以说吉庆思想无处不在，而艺术形象是表达这种思想认识的最好载体。纵观历代古彩瓷装饰，各类花鸟题材都体现百姓对美好生活的期冀，是百姓最为喜闻乐见的精神象征和寄托。

第七节 古彩的传承与创新之道

一、边缘化

在景德镇现代陶瓷艺术发展之路上，以彩绘为特色，依然成为景德镇陶瓷艺术的重要特点并呈继续发展的趋势。在釉上彩绘的种类中，古彩虽然没有粉彩、新彩、青花以及综合类彩绘工艺形式那样丰富多样的变化，也没有呈现出像这类艺术形式的发展脚步，但是这却成就了古彩瓷艺术保留至今的纯粹的工艺方式和艺术特征，形成了其独特的发展模式。

在热闹的现代陶瓷艺术发展进程中，从事古彩瓷绘制的艺术家为数不多，多数在景德镇现代陶瓷艺术发展行列中没有得到相应的关注和重视，古彩的存在似乎显得有些边缘化。新中国成立后，第一代从事古彩瓷艺术的艺术家有段茂发、李盛春、欧阳光、陶鼎泰等人，第二代从事古彩瓷艺术并且具有影响力的艺术家有戴荣华、施于人、蓝国华、方复、龚农水、冯美庭等人。虽然他们在各自的创作中以不同的艺术表达方式传承着古彩瓷艺术的精神，但是直到 21 世纪初他们的古彩艺术才开始受人瞩目。他们中有的在坚守古彩艺术的道路上，有过一段或长或短的停滞期，这其中有一些历史原因，也和艺术瓷市场的发展偏向有着一定的关系。在他们坚守古彩瓷艺术的过程中，经历过一种被边缘化的寂寞而孤独的探索。这些坚守在古彩瓷艺术道路上的艺术家们，不仅影响着古彩艺术在当代的发展，而且也鼓励了许多后起从事古彩瓷艺术的年轻人，使他们对古彩艺术有了全新的认识，以及在承继的过程中有着坚守古彩艺术创作的动力。

古彩瓷艺术自雍正朝开始由于粉彩瓷的成熟而鼎盛的发展，而逐渐处于景德镇彩瓷艺术发展的边缘，直到民国时期古彩仍然多以仿制前朝的作品而存在，鲜见大的变化和发展。虽然在解放初期在国家有关全面恢复传统手工艺的政策下，古彩得到一定程度的发展，但是在当时整个景德镇彩瓷艺术发展中没有受到应有的重视，直到 21 世纪初，都处于边缘化的发展状态中。

2004 年 8 月，中国加入联合国《保护非物质文化遗产公约》，正是随着对保护"非物质文化遗产"的重视，古彩瓷艺术的价值再次被重新认识，人们开始关注古彩瓷艺术的传承与发展。从事古彩瓷艺术的艺术家也开始以加倍的热情投入到创作中，出现了众多关注和喜爱古彩瓷艺术的收藏者，艺术家的队伍也随之逐渐扩大，但是与景德镇其他的彩绘工艺相比，还是显得弱小。造成这一现象的原因，与古彩瓷艺术的民间味道和单一的艺术表达方式不无关系。随着审美取向的时代变化，人们对民间味道的艺术形式还不具有普遍性的审美需求，作为具有民间传统形式的古彩瓷，受众还不具有接受和理解这一艺术形式的深刻认识，仍然属于受众面较窄的艺术形式。

在多元化的陶瓷艺术发展之流中，只有古彩很难从材料、工艺的角度获得突破，在纷扰复杂的陶瓷艺术市场中，太多势利利益的追逐，真正以艺术为落脚点的艺术形式显得凤毛麟角，从艺者更多地回避难而艰辛的艺术表达方式，以效率为准绳成就自己，而古彩从工艺、色彩、艺术特征的角度都不具备如此优势，费时、费事成为古彩工艺的羁绊，这也是导致其发展边缘化的原因之一。

二、传承与创新的求索

古彩可以说是景德镇真正意义的本土化的彩绘工艺形式，其材料和工艺方式是现如今保持得最纯粹的，因此也可以说是最具有民族精神体现的陶瓷艺术形式之一。古彩从明代开始，发展至今已经历经六百多年，在经过清代康熙朝辉煌的发展之后，从雍正朝开始逐渐走向衰落，一直到民国时期，古彩瓷都以仿制前朝的作品而存在着，可以说在发展之路上只有工艺与材料的传承，而在艺术表现形式上没有呈现出像其他釉上彩绘那样的发展变化过程。

非常幸运的是，在日趋衰落的发展状态下，从 20 世纪 50 年代开始，景德镇陶瓷艺术得到全面的恢复和振兴，古彩艺术也不例外。新中国成立后，段茂发先后在景德镇工艺美术社、中国轻工业部陶瓷科学研究所工作。陶瓷学院创办时，他调入参加筹建并在学院执教、搞创作。1957 年，段茂发调入景德镇陶瓷美术技艺学校（后为景德镇陶瓷学院），在学校，段茂发教授的是古彩专业。为了让这门传统工艺继续传承与发扬，段茂发在景德镇陶瓷学院成立初期就以此为己任，为景德镇培养了又一代已经在现当代古彩瓷领域有着杰出贡献和成绩的艺术家，其中非常具有代表性的当属戴荣华、蓝国华、方复等人。还有坚持在教学岗位进行古彩瓷艺术传承事业的施于人、龚农水、冯美庭等人，还有原景德镇艺术瓷厂的欧阳光等人。他们在各自的创作领域进行着新形式的探索，以不同的艺术风格展现古彩瓷艺术的特殊魅力，在古彩

图 1-6-11 古彩瓷瓶，白蛇传，戴荣华

图 1-6-12 古彩瓷瓶，春回大地，蓝国华

图 1-6-14，古彩瓷盘，施于人

图 1-6-13 古彩瓷瓶，四爱，方复

图 1-6-15 古彩瓷瓶，冯美庭

瓷艺术的传承中默默地进行着创新之路的求索（图 1-6-11、图 1-6-12、图 1-6-13、图 1-6-14、图 1-6-15）。

古彩于雍正朝后难敌粉彩粉润、纤巧、色彩丰富且柔和、淡雅的宫廷化审美取向，由此淡出彩瓷的主流发展地位，时至今日依然处于景德镇彩瓷发展的边缘。尽管如今，从事古彩绘制的艺术家日渐增多，不像新世纪初那般寥若晨星，但是古彩从材料和工艺的角度难以进行质的超越，使得古彩发展至今依然没有走出传统成就的藩篱，对古彩的演绎依旧遵循传统的内容与形式。

古彩自明朝发展至今，从传统工艺形式的角度来看，可以说是保留得较为纯粹的釉上彩绘形式。工艺形式的完整延续就意味着古彩从工艺方法的角度难觅变化之道，它无法像粉彩，更难敌新彩由于工艺方法的多变所带来的创新与变化。单线平填、色彩无色阶的渐变、形象的平面化处理、色彩表现的程式化特征都在一定程度上局限了古彩从工艺的角度寻求变化、革新之道。在古彩艺术的承继过程中，由于粉彩、新彩的出现和发展，在一定程度上影响了古彩的重获新生。但我们应该庆幸古彩艺术这种保守的发展进程，才使古彩的工艺形式能够在今天依然保持其纯粹性。这是在当今各艺术门类正朝向界限的模糊化发展中的一种幸运。古彩的创新与发展虽然受制于其工艺特征、艺术特征，但是它依然有着突破自我的可能。

若以一种新的观念从古彩的内容和形式美感的角度去寻找创新的契机，并在反映现代审美趣味的观念引领下寻找突破，古彩势必获得"破茧"式的变化。古彩工艺的保留为我们在寻求创新之路中提供了立足之本，古彩那种带有强烈民族烙印的精神内涵是我们在创新之路中依然需要秉承的本质。在现代审美观念的作用下，古彩所独有的民间味道，也能成为沁人心脾的优雅（图 1-6-16、图 1-6-17、图 1-6-18、图 1-6-19）。

图 1-6-18 古彩瓷板，锦上添花，57cm×57cm，方曙

图 1-6-19 古彩瓷瓶，红冠，2012 年，邹晓雯

图 1-6-16 古彩瓷瓶，李磊颖

图 1-6-17 古彩瓷瓶，长青图，2015 年，38cm×16cm，揭金平

第二章

景德镇窑的粉彩彩绘

　　景德镇窑的粉彩彩绘工艺初创于清康熙晚期，发展到今天，已走过了三百余年的发展历程。粉彩虽然在康熙晚期初创，但是关于"粉彩"的称谓在清末寂园叟的《匋雅》和20世纪20年代许之衡的《饮流斋说瓷》中才有了详细记载。《匋雅》曰："软彩者，粉彩也。彩之有粉者，红为淡红，绿为淡绿。故曰软也。"《饮流斋说瓷》中叙述："康熙硬彩，雍正软彩。硬彩者，谓彩色甚浓，釉附其上，微凸起。软彩又名粉彩，谓色彩稍淡，有粉匀之也。"在上述文献中，可以看出"粉"、"软"、"淡"是粉彩的主要特点，而粉彩所具有的粉润、匀柔的艺术效果得益于玻璃白的使用，这也是粉彩的主要特征。

　　粉彩彩绘自初创时就有着皇家的审美风范，寂园叟在《匋雅》中就称赞粉彩："前无古人，后无来者，鲜娇夺目，工致殊常。"可见粉彩彩绘在时人心目中的审美感受。粉彩在经历雍正、乾隆二朝的成熟和鼎盛发展后，逐渐走向衰退，至清末民初,由于文人画家入行景德镇陶瓷彩绘艺术,为粉彩瓷的再次发展变化带来了转机。清末民初流行的浅绛彩以及民国时期以"珠山八友"为代表的新粉彩,成为中国画艺术形式植入粉彩瓷并因此而改变了景德镇窑传统粉彩彩绘艺术发展的方向。中国画艺术形式的植入不仅彻底改变了传统粉彩具有的皇家审美风范,并且深刻地影响着景德镇陶瓷艺术日后的发展。经过新中国成立初期以及改革开放之后的发展时期,在继承传统材料和工艺的过程中,粉彩彩绘出现了多种材料和工艺形式的发展变化,呈现出多元化的发展趋势。

第一节 粉彩彩绘形成的契机

粉彩彩绘工艺的出现和形成,不是出于一种偶然,而是在沿用传统古彩工艺的基础上结合了舶来的珐琅彩工艺发展形成的。舶来的珐琅彩工艺在清代康熙、雍正、乾隆时期的发展,不仅为古彩的某些工艺形式提供技术支持,而且为粉彩彩绘工艺的形成提供了借鉴,也为粉彩彩绘创造了具有中西合璧的艺术特征和宫廷化的审美意趣。

一、珐琅彩的引进

清代铜胎珐琅制品的大量进口,受到清宫廷皇室的青睐,为西方的画珐琅工艺传入中国提供了渠道,也促成了珐琅作在清宫廷内务府造办处的设立。造办处最初对画珐琅的研制是从铜胎珐琅器开始的,是从广东的画珐琅工匠和景德镇彩绘工匠中选拔具有高超工艺技能的工匠进入宫廷参与研发和制作，期间烧制出的金属珐琅器不但精美而且倍受皇室的赏识和青睐，这为金属珐琅器的工艺与中国制瓷工艺的结合创造了一种契机，因此瓷胎画珐琅以一种新的工艺形式在清宫内务府造办处得以发展。

图 2-1-1 黄地开光珐琅彩花卉纹碗，清康熙，故宫陶瓷图典

通常"珐琅彩"指的是瓷胎画珐琅，康熙晚期是将在景德镇烧制好的瓷碗送进宫中，瓷碗内壁施白釉，外壁无釉呈涩胎状，清宫造办处珐琅作画师在涩胎上以进口珐琅料，采用铜胎画珐琅的工艺形式彩绘钦定的装饰纹样，然后在宫内完成第二次烤花，最终完成瓷胎画珐琅。

雍正以后，对珐琅瓷胎进行工艺改良，在通体施好釉料的细白瓷胎上进行珐琅料的彩绘。此时宫廷内大量进行珐琅彩的烧制，使得进口珐琅料供不应求，这为自行研制珐琅料创造了机会。"雍正六年二月谕旨怡亲王试制珐琅料，经昼夜试炼，终于在同年七月试炼成功，此后的珐琅彩多用清宫自制彩料。"[21] 自行研制的珐琅料不仅摆脱了对进口珐琅料的依赖，而且增加了许多进口料不曾有的彩料色系。珐琅彩在乾隆时期有了进一步的发展，在产出量上不仅超越康熙、雍正二朝，而且开创了锦地开光、锦上添花、轧道工艺等一系列新的装饰工艺。瓷胎画珐琅工艺经过三朝的发展，工艺技术不断成熟，而在乾隆时期，由于乾隆皇帝对彩瓷工艺兴趣的改变和国力的渐行衰微，珐琅彩由康熙晚期初创发展起来的粉彩瓷所替代，而逐渐退出了彩瓷的历史舞台（图 2-1-1）。

珐琅彩彩料和工艺的引进，带来了以油料晕染色料的工艺，不仅影响了康熙古彩的洗色工艺，而且为粉彩提供了层层渲染的工艺基础。

21. 叶佩兰，《中国彩瓷》，上海古籍出版社，2005 年，第 210 页。

二、新工艺的形成

粉彩在康熙晚期的初创，不是一种孤立出现的工艺新形式，而是在古彩基础上进行的工艺及材料的探索和发展。珐琅彩中的不透明粉质色料，极大地影响了粉彩材料的形成，不透明的玻璃白、不透明的粉质色料在粉彩工艺中都有所使用。康熙时期的"粉彩花蝶纹盘"，花头部分采用胭脂红着色，具有和珐琅彩相类似的材料和画面质感。在白色粉质色料上，胭脂红具有油质媒介的晕色效果，这是传统古彩中所不具备的特点，而是受到珐琅彩以油料晕染色料工艺的影响。装饰纹样的花叶部分采用的是古彩单线平填的工艺技法，由此可以看出，粉彩在初创时期不仅具有珐琅彩的工艺特征而且沿用了古彩的工艺方式。粉彩在康熙时期作为一种新工艺形式，是在古彩工艺的基础上结合珐琅彩的某些材料和工艺的方法而形成的（图 2-1-2）。

图 2-1-2 粉彩花蝶盘，清康熙，中国彩瓷

　　古彩在康熙时期的巅峰发展、珐琅彩在康熙时期的出现和发展，为粉彩在康熙晚期的初创提供了契机，虽然存世的康熙粉彩瓷不多，但是随着工艺及材料的成熟和发展，粉彩彩绘在雍正时期得到了成熟而渐趋精美的发展，强烈的皇家风范引领着粉彩继续发展的道路。

第二节　粉彩彩绘的材料和工艺

一、粉彩彩绘的材料和工具

1. 粉彩彩绘的材料

1.1 调和剂

　　粉彩所使用的调和剂主要有乳香油（芸香油）、嫩油、樟脑油、煤油四种。乳香油是一种棕黑色的黏稠油脂，是以枫树脂采用蒸馏的工艺而制成。乳香油通常用作调和朱明料、西赤、艳黑等画料的调和。

　　嫩油是乳香油和煤油按照 1:3 的比例经过明火快速烧炼而形成的一种熔合物，通常用作净颜料的调配和洗染工艺的调和剂。

　　樟脑油呈淡香槟色，是以樟树的根茎为材料蒸馏出的一种纯净的油脂。樟脑油具有一定的挥发性，多用作稀释画料的调和剂，在粉彩彩绘过程中属于用途较多的一种油脂，以朱明料彩绘形象时离不开樟脑油的稀释和彩绘技巧的实施。

　　煤油是从石油中提炼出的一种纯净而具有较强挥发性能的油料，在粉彩彩绘中是调和净颜料的媒介，具有稀释净颜

图 2-2-1 调和剂 左起依次为：
樟脑油、乳香油、煤油、嫩油

图 2-2-2 左起依次为：朱明料、
艳黑、小豆茶、西赤

料的作用，点染、洗染净颜料的工艺离不开煤油的使用（图 2-2-1）。

1.2 画料

粉彩彩绘所使用的画料主要有朱明料、艳黑、小豆茶、西赤等。

朱明料，又称作生料，是以钴土矿为主要原料，在 1300 度左右的高温下烧成呈深蓝色，在 750 度 ~850 度的低温下烤花后呈黑灰色。朱明料是彩绘画面形象的主要材料，通常用作画面形象的勾勒和明暗关系的晕采和皴擦。朱明料中不含低温熔剂，所以彩绘而成的画面需要覆盖含大量铅熔剂的水料才可以附着在白瓷釉面上。

艳黑，属于低温色料，也是新彩色料的一种，在低温烤花后呈黑色，在粉彩中主要用于彩绘人物形象的发须、眉眼以及黑色的表现对象。艳黑主要含铁、钴、锰、铬等着色金属氧化物，与适量的熔剂配制而成，因此彩绘之后直接烤花便可附着在白瓷釉面上。

小豆茶，在低温烤花后呈红褐色，是艳黑和西赤复合而成的色系，和艳黑、西赤同属于新彩色料的范畴，在粉彩中通常用作人物形象中肤色外露部分结构轮廓的勾画，也用作描绘红色花头、鸟类羽毛的轮廓以及明暗的彩绘。

西赤，俗称作油红，以氧化铁为着色剂，在低温烤花后呈现红色，在粉彩中通常用作红色花头、人物面相、人物服饰等形象明暗的晕染（图 2-2-2）。

1.3 水料

粉彩彩绘所用的色料种类较多，色料的属性各异，主要分作两类，一类属于水颜料，一类属于用油类调和剂调制的静颜料。

水颜料，分作透明水料和不透明水料。

透明水料主要有：雪白、大绿、石头绿、苦绿、水绿、赭石、粉古紫等。

雪白，低温烤花后呈无色透明状，通常和其他透明水料配合使用，起到减淡其他透明水料层次的作用。

大绿，烤花后呈现透明的深绿色，多用于花叶、树叶和山石的填色。大绿和适当比例的雪白调和后可以分出多种浓淡层次，形成同色系丰富的层次变化。

石头绿，烤花后呈现透明淡绿色，通常用作浅色花叶、石头以及地皮草点的填色。

苦绿，烤花后呈透明的黄绿色，用于花叶背面的填色，也常用作与大绿、赭石相互接填树叶、山石。

淡苦绿，烤花后呈现透明的嫩绿色，常用作幼嫩花叶、嫩芽、草点以及草虫的填色。

水绿，烤花后呈现透明的淡水绿色，通常用作表现山石由实渐虚的部分，也用作海水、溪流的填色。

赭石，烤花后呈现透明黄褐色，常用作树干、枝丫、枯树叶以及山石的填色。

粉古紫，烤花后呈现透明的紫灰色，通常用作树干、太湖石、家具以及文人高士衣服的着色。

不透明水料有：玻璃白。

玻璃白，是粉彩中重要的基本色，烤花后呈现不透明的白色。玻璃白在粉彩彩绘中主要有三种用途：一是打底色料，通常用作花头、人物衣服等的打底，然后再用静颜料在玻璃白上进行色彩的点染、洗染，技法类似工笔画中的渲染技法。静颜料只有在玻璃白之上的发色才会呈现亮丽、鲜娇之感。二是画料，通常用于点画雪景山水或瀑布。三是和某些静颜

图 2-2-3 粉彩水料，上排左起：大绿、水绿、苦绿赭石，下排左起：古紫、雪白、玻璃白

料按适当比例调配形成不透明的粉料，用作花蕊、服饰、图案色地等的填色（图 2-2-3）。

1.4 净颜料

净颜料是粉彩彩绘中的重要色料，是在珐琅彩色料的基础上变化而来。正是这些色料的使用，令粉彩彩绘具有斑斓而亮丽的色彩审美感受，也是形成粉彩彩绘艺术特征的重要组成部分。净颜料在粉彩彩绘中通常不单独使用，是和用作打底的玻璃白配合使用，采用点染、洗染的技法将净颜料在打好底色的玻璃白上进行。净颜料只有在玻璃白的衬托下，才能呈现出鲜亮、纯净、润泽的色彩。净颜料主要是以金属氧化物为着色剂，经过高温煅烧后形成熔块，再经研磨成细微粉末，和煤油、乳香油等媒介调和使用。净颜料具有较强的色彩稳定性，因此烧成前后色彩没有较大的差异。

净颜料主要有：洋红、胭脂红、茄色、净大绿、净苦绿、净黄、麻黄、广翠、生红等。

洋红，在玻璃白上呈现玫瑰红色，通常用作花头、人物衣服以及一些图案纹样的点染或洗染。洋红是粉彩彩绘较为常用的色料品种，是以微量的金为主要的着色剂，而金在一定的烧成温度范围内才能具有发色稳定的性能，因此洋红对烤花的温度较为敏感，洋红的正常发色在一定程度上成为粉彩彩绘成功烧成与否的衡量标准。

胭脂红，在玻璃白上呈浓重的玫瑰色，类似国画颜料中的胭脂红，色料的配制和洋红类似，含金量较洋红高，因此此类色料具有较高成本价格。胭脂红多用于花头和人物服饰的点染、洗染工艺。

茄色，在玻璃白上呈现紫罗兰色系发色，是以洋红和广翠调和而成复合色，多用于花头、人物衣服以及色地图案的渲染。

　　净大绿，在玻璃白上呈现不透明的青绿色，多用于花头、人物服饰、色地图案的渲染。

　　净苦绿，在玻璃白上使用呈现不透明的黄绿色，色料性能和用途与净大绿相同，是净大绿和净黄调配而成的复合色，也用作山石、嫩枝、嫩叶的打底，以促进透明水料覆罩其上的发色倾向。

　　净黄，在玻璃白上使用呈现不透明的淡黄色，其色料性能和用途与上述几类色料相同，多采用洗染技法将色料进行人物服饰的色彩表现，具有轻盈透亮的色彩质感。

　　麻黄，在玻璃白上呈现棕黄色，具有沉着温润的色彩效果，是多种色料调配而成的复合色，多用作花头和人物服饰的点染、洗染工艺。

　　在净颜料中还有一类具有特殊用途的色料：广翠和生红。广翠除了可以在玻璃白上进行点染、洗染花头和人物服饰之外，还可以用作彩绘形象的色彩打底，生红通常也用作彩绘形象的色彩打底。广翠和生红作为打底色料，一般用作花叶、山石形象的打底，经广翠打底后的形象在进行水料——大绿的填色，可令大绿发色沉稳而色调中呈现蓝色倾向。以生红打底后的形象，在经赭石等透明水料的填色后，发色更加沉稳并可以消除赭石发色的生硬和偏红的色调（图2-2-4）。

图 2-2-4 上排左起：净苦绿、洋红、广翠；下排左起：茄紫、麻黄、净黄

2．粉彩彩绘使用的工具

粉彩彩绘所采用的工具主要有笔以及起辅助作用的工具。

2.1 粉彩彩绘用笔

粉彩彩绘用笔主要有：画笔、彩笔、填笔、洗染笔、笃笔、针笔等。

画笔，在景德镇釉上彩绘行业中俗称"料笔"，和一般的书画笔在材料和形制上有着较大的区别。料笔通常采用野兔硬毛为原料，经过特殊加工工艺而制成。由于朱明料等画料是采用乳香油调制而成，画料具有黏腻的特点，因此在画笔的选择上具有特殊要求，料笔具有一定的弹性和适中的蓄含力，笔的形制要求笔锋长而尖细，这样才可以使蓄含画料的料笔在彩绘过程中可以顺畅地勾画形象，可以做到线条的粗细变化。

料笔，按照形制大小的特点一般分作双料笔、料半笔、单料笔。双料笔形制较大，含毛量相对丰厚且含料饱满，通常用于大件作品形象的勾画以及画面的题字、落款。料半笔形制大小适中，是粉彩彩绘最为常用的画笔类型，通常用于画面形象轮廓及结构的勾画，勾画的线条可细可粗。单料笔属于料笔中形制最小的一种，含毛量较少且笔锋更为细长而坚挺，可勾画更为纤细的线条，多用于细小形象线条的勾勒。

彩笔，按照所用材料的不同，采笔可分作羊毫彩笔、兼毫彩笔、鸡毫彩笔以及狼毫彩笔等。彩笔通常用作画面形象的晕彩、皴画、点揭等技法，是对料笔所勾画的形象进行深入刻画不可或缺的工具，表现山石、树木、花叶、鸟羽的明暗变化均离不开彩笔。以西赤为画料的人物衣服，其明暗变化的处理也离不开彩笔及技法的使用。其中，羊毫彩笔具有细密而柔软的质地，在晕彩画面形象时，不易留下明显的笔触，可以表现出更为细腻的明暗变化。兼毫彩笔是兼用羊毫和狼毫或兔毫材料制成，具有一定柔软度和弹性，是粉彩彩绘中最为常用的采笔类型，在晕彩画面中既可以表现具有细腻明暗变化的形象，又可以皴擦、点揉出具有肌理质地的形象，辅助山石、树干等形象明暗变化的处理。鸡毫、狼毫彩笔的质地相对较为硬朗，通常用作厚重画料的晕彩、皴擦、点揉，可使画面形象的明暗变化呈现随意而粗放的效果。

填笔，是以羊毫为材料，用作透明水料的填色，也用于古彩水料的填色。填笔按照填色面积的大小所需，分作大、中、小三种型号。

洗染笔，以羊毫为材料制作而成的一种专用笔，洗染笔所用羊毫量少且笔锋较长而尖细，用干净颜料的上色和洗染、点染工艺。

针笔，是以竹制和金属针自制而成，在竹制细棍（筷子）的一头以金属细丝捆绑金属针，另一头削成尖状。针笔通常用于画面装饰的修整和扒刮（图2-2-5、图2-2-6、图2-2-7）。

2.2 辅助工具

粉彩用辅助工具种类较多，在粉彩彩绘中的作用各不相同，对于彩绘过程的完成起到不可或缺的辅助作用。辅助工具主要有：调料铲、玻璃板、料碟、料碗、油瓶、擂钵、搁手板、料扑子等。

料铲、玻璃板是用于搓和画料的重要工具，料铲为铁质或不锈钢材料，形制扁平，利于在玻璃板上进行画料的搓制。

料碟和料碗是盛装油料和水料的容器。料碟通常是可以进行摞叠的瓷质容器，用于盛装画料或静颜料。料碗是用于盛装水料的瓷质容器，要求具有100毫升至200毫升左右的容量，这样才便于水料的调制和使用。

油瓶多为透明的小口带盖的玻璃容器，一般在100毫升左右的容量较为适用，通常用于分装乳香油、嫩油、樟脑油

图2-2-5 料笔

图2-2-6 左起依次为：大号填笔、小号填笔、洗染笔

图2-2-7 左起依次为：竹制针笔、针笔、狼毫彩笔、紫毫彩笔、兼毫彩笔、鸡毫彩笔、羊毫彩笔

图2-2-8，搓搓、料刀、料铲

图2-2-9，棉球、海绵、海绵扑子

和煤油。

擂钵是用来研磨水料和画料的工具，通常是用擂锤将水料、画料在擂钵中研磨成颗粒极为细微的状态，水料、画料的粉末颗粒越是细微就越为好用，尤其是水料的研磨，研磨时间越长表现出的画面效果在烤花后就愈加莹润透亮而有光泽。

搁手板是辅助彩绘过程所用的工具，形制有两种：一种犹如"木桥"状，是以厚度1厘米左右、宽为5厘米至10厘米左右的木条为材料，在木条的两端以厚度约2厘米至4厘米左右的木块为支撑而制成，其长度通常因所彩绘的瓷盘或瓷板的尺寸大小而有所变化，是在彩绘瓷盘或瓷板时起到支撑手臂的作用，从而避免擦碰已画填好的画面形象。另一种是宽度为5厘米左右的木条，通常用于彩绘瓷瓶造型时支撑手臂。

料扑子是用于拍色的辅助工具，在以画料晕彩后的形象上进行进一步明暗关系的拍色处理。料扑子通常是以海绵、丝绵为材料自制而成，大小形制按照画面面积的大小而定，经料扑子拍色后的明暗变化，具有彩笔无法达到的均匀效果（图2-2-8、图2-2-9、图2-2-10、图2-2-11）。

图2-2-10 擂钵、擂锤

图2-2-11 料碟、颜料碟、油盅、搁手板等

二、粉彩彩绘的工艺和流程

粉彩彩绘工艺在景德镇窑釉上彩绘中是最为复杂的一种，其工艺流程复杂，表现技法类型多样，不同的题材在彩绘和填色工艺中具有不同的方法和技巧。正是由于粉彩彩绘复杂的工艺特点，成就了粉彩特殊的艺术魅力，是工艺发挥了粉彩材料的特殊性能和用途，是工艺成就了粉彩材料的美，而粉彩特殊的艺术魅力和价值恰是工艺美的体现。

粉彩工艺的流程是通过以下诸多步骤形成，每一个工艺步骤都具有严谨而规范的技法和技巧以及操作要求，因此任何一个环节出现失误，都会产生工艺缺陷而影响到粉彩工艺的最终实现。

1. 起稿

粉彩彩绘的起稿有两种方法：一种是以淡墨在白瓷胎的釉面上勾画出彩绘者的创作构思，这种起稿方法通常用于绘制单件作品。另一种方法是将事先制作好的图样反拍在所绘瓷器造型的表面，这种起稿方法可以实现批量生产。所有的画面形象都是在这一步骤中初步形成（图2-2-12）。

2. 绘制

起稿完成后，便可开始粉彩的绘制。首先是以朱明料为材料，以料笔打料勾画事先准备好的图样，有些画面形象则需要采用小豆茶来进行形象的勾画。其次是利用彩笔晕彩或皴揉出画面形象的明暗关系和结构关系（图2-2-13）。

3. 清图

在所有画面形象勾画、晕彩完成之后，确定画面中油分干着后，需要进行画面的清图处理，通常是采用棉球蘸取雪白粉末，轻轻擦拭所有以朱明料彩绘的形象，在清图过程中避免雪白粉末触碰到由小豆茶、西赤和艳黑所绘制的画面形

图2-2-12 起稿

图2-2-13 彩绘

图 2-2-14 点染净颜料

象，雪白粉末会影响到上述材料的发色。

4. 打底

完成清图后，再以广翠或生红在需要的画面结构中，以煤油为媒介，扫笔为工具进行色料的打底，打底过程需要将色料均匀地分布在画面形象的表面，不可过厚或过薄，否则影响透明水料的发色。

5. 玻璃白填色

色料打底完成后，便开始进行玻璃白的填色。在玻璃白填色之前需要以煤油或含有一定油脂的锅灰对需要填入玻璃白的画面形象进行扫刷或擦拭，这样处理可以使玻璃白的填色工艺过程更加顺利，可以避免因操作过程的失误造成对画面形象轮廓的覆盖，也有助于玻璃白填色的均匀。

6. 渲染净颜料

净颜料的渲染是在填好而干燥的玻璃白上进行，渲染净颜料的技法主要有点染和洗染两种。在进行点染、洗染净颜料工艺之前，需要用煤油浸润玻璃白，然后再用洗染笔将净颜料慢慢地渲染在玻璃白之上。在这一工艺过程中，用笔的力度和煤油的使用量有着极高的要求，下笔力度过重会破坏玻璃白的表面，进而破坏画面形象。煤油的用量过多或过少都会直接影响到渲染技法的实现，过多会造成净颜料无法均匀地分布在玻璃白表面，过少则无法顺利进行净颜料的渲染（图 2-2-14）。

7. 透明水料的填色

在净颜料的渲染完成之后，待余留在画面的煤油完全挥发，便可以进行透明水料的填色。粉彩透明水料在烧成前后具有非常大的区别，这也是造成水料填色具有操作难度和较高技巧的原因所在。透明水料的填色技法主要有平填法、接色填法。平填技法是以填笔蘸取水料均匀地覆盖住画面的形象。平填技法只需做到填色的均匀，而无须考虑水料的色彩变化，相对于接色填技法在操作上更加容易把控。接色填技法在粉彩工艺中属于较难把握的技法，也是体现粉彩丰富色彩变化的重要技法之一。接色填技法是将两种或两种以上的透明水料，均匀而自然地衔接而形成画面形象色彩的过渡变化。接色填技法在粉彩填色工艺中是极具技巧性的一种，没有经过长期实践经验的积累，是无法使不同水料之间相互衔接均匀、自然而平整的。尤其在山水题材中水料的接色填，更加需要技法的熟练和掌控，否则已形成的画面形象会因为接色技巧的生疏而造成色彩效果的凌乱。在景德镇彩绘行业中，早已流行一句话"画得好，不如填得好，填得好，不如烧得好"，这充分说明填色技巧以及烤花过程的重要性（图2-2-15）。

图 2-2-15 水料接填

8. 补充画面细节

待水料填色完成之后，根据需要再进行画面细节的补充，景德镇彩绘行业通常把这一步骤称作"结果"，是在渲染过静颜料的部位，按照需要进行纹样或线条的勾画，常采用的材料有广翠、玛瑙红、玻璃白、朱明料等。"结果"的作用是令画面装饰效果更加突出，画面形象更加丰富而饱满。以人物为题材的画面中，衣服、服饰通常会根据需要进行"结果"处理。

9. 清理画面，题字落款

清理画面、题字落款是粉彩彩绘工艺在烤花前的最后一步。清理画面虽然不需要具备技巧性，但却是不可疏忽的一步，否则残留在画面当中的色脏，在烧成后会成为缺陷。题字落款是根据画面内容和形式的需要，进行相应内容的题字和题写作者的名或号。

10. 烤花

烤花是最终实现粉彩彩绘的关键一步，粉彩彩绘的材料只有在烤花炉中通过 760 度左右的低温烤花后，才能发色而熔融固着在瓷胎的釉面上（图 2-2-16、图 2-2-17）。

图 2-2-16 烤花前　　　　　　　　　　图 2-2-17 烤花后

三、粉彩彩绘工艺的变化

粉彩彩绘发展至当代，其艺术表现形式从工艺的角度来看，发生了诸多变化。粉彩艺术表达形式的变化促进了艺术风格的变化，但是其中却离不开工艺的作用。艺术家审美理想的实现在很大程度上依赖于工艺及方法，工艺方法的变化、新工艺的出现，无疑是新的艺术表达形式、新的艺术风格形成和发展的重要契机和途径。景德镇窑的彩瓷历史从元代开始至今，从釉下青花到青花五彩、斗彩，从釉上五彩到粉彩再到新彩，其发展变化的过程无不体现出工艺变化、工艺创新所起的重要作用。康熙时期釉上五彩和珐琅彩工艺的相互渗透形成了粉彩，其中工艺的变化、工艺的创新在一定程度上促进了粉彩的产生及发展。粉彩在历经三百余年的发展过程中，工艺的变化、新工艺的产生对粉彩彩绘的艺术表现形式以及艺术风格的多样化发展，有着举足轻重的作用。不同历史时期从事粉彩彩绘艺术的艺人或艺术家，就是通过在实践过程中对粉彩彩绘工艺进行着不同角度、不同程度的探索和研究，才成就了粉彩的发展变化，成就了现当代粉彩多元化的发展趋势。

对粉彩材料性能的挖掘也是促进粉彩艺术形式和风格变化的一个方面，而材料性能的新发现又成为工艺产生变化的缘由，因此可以说，工艺的变化在粉彩彩绘的发展进程中有着重要的作用。

1. 降低工艺难度和改变工艺复杂程度

粉彩彩绘在景德镇窑的釉上彩绘中是一种极具技巧性和复杂性的工艺种类，彩绘过程的每一个步骤和环节对工艺都有着极高的要求，对材料性能的把握、工艺难度和复杂程度都促使着从事粉彩彩绘的艺人、艺术家对变化工艺、改进工艺进行着摸索，在不断的研究和探索中，工艺逐渐产生着不同程度的变化。在探索与研究的过程中，不是所有变化了的工艺对粉彩彩绘的艺术表达都能产生积极的影响作用，这恰恰说明了探索新工艺、新方法是一个复杂的过程。

由于粉彩彩绘工艺的复杂程度和难度在一定程度上束缚了艺术家相对自由地表达艺术感受，因此一直以来对工艺方法进行探索和研究成为他们的主要切入点。例如，流行于清末民初的浅绛彩是在改变粉彩工艺的过程中出现的一种特殊的工艺形式，浅绛彩改变的是透明水料的填色工艺，是在朱明料中掺入铅粉，再作画料，其作用是彩绘好的画面不需要覆盖透明水料，或者薄薄地覆盖一层透明水料烤花后便可固着在白瓷胎的釉面上，这无疑给工艺操作者带来了极大的便利，相对于传统粉彩复杂而具有难度的水料填色工艺，是一种改进。当然，浅绛彩短暂的 70 年左右的发展历程，和这种新工艺有着直接的关系。新工艺处理的彩绘画面虽然在瓷胎表面可以固着，但是却不具有耐腐蚀性，在不长的时间内彩绘的画面就出现斑驳和褪色，这种斑驳和褪色说明了这种变化了的工艺是有缺陷的，但是在试图改进粉彩工艺的角度，依然具有价值。再如：当代粉彩净颜料点染、洗染工艺的变化，是从降低工艺操作难度的角度所做的积极探索和研究。在玻璃白上进行净颜料的点染、洗染是具有较高难度的传统工艺，在色色过程中，下笔的力度以及煤油的用量都需要长时间经验的积累才能掌握，操作过程中下笔力度轻重的掌控尤为重要，力度重了，玻璃白就会被破坏造成工艺缺陷。而对煤油的用量多或少的控制则会直接影响色料在玻璃白上的色色工艺，用量少色料无法点染开，多了则会令色料晕散影响工艺操作。因此，为降低工艺操作难度，可多次烧成的玻璃白在近些年出现了，新工艺方法也随之产生。这种工艺操作方法，是在画面形象上将可多次烧成的玻璃白填好后，入烤花炉中烧结，然后再以晕彩的工艺方法将所需色料晕彩在玻璃白上。晕彩色料的工艺相对点染、洗染工艺而言，不仅容易操作而且不会造成对玻璃白的损坏。这种变化了的工艺，成为当下许多从事粉彩瓷的艺术家普遍采用的一种工艺方法。工艺难度的改变，使得原本依赖于工艺分工形成的、由专门从事填色工艺的艺人才能完成作品的填色，变成艺术家可以独立完成作品的所有工艺，这在一定程度上让艺术形式的表达更加自由完善。

粉彩彩绘工艺在雍正时期从材料到工艺都发展至成熟，工艺的改进促成艺术风格的形成，接色填技法就是在平填技法的基础上变化和演进的。接色的工艺方法让粉彩彩绘的装饰形象在以朱明料表现明暗变化的基础上，以接色的方法将透明水料按照明暗关系进行同类色系的深浅变化，以接色的方法同时将两种不同色系的透明水料相互衔接形成过渡自然的色彩变化，在已有的明暗变化的基础色彩上形成更加柔和、透亮、雅致的审美感受。但是，这种工艺形式不仅具有操作的难度而且非常复杂，对于工艺的操作和掌控需要长时间的工艺实践和经验的积累。如今，许多从事粉彩彩绘的艺术家在试图改变这种复杂的工艺过程中进行探索和实验，一种新的工艺方法应运而生，改变了传统粉彩工艺的接色填工艺。这种方法是利用高温色料按照传统粉彩水料的发色，以晕染、或扫刷、或拍色的工艺进行画面色彩的处理，形成均匀自然的色彩变化和相互衔接，然后再入烤花炉进行第一次烤花，烤花后再以雪白或一种类似雪白性质的透明水料覆盖住画面，再次进行烤花，烧成后画面的色彩效果和传统粉彩透明水料的发色几乎一样。近些年，这种工艺已经在粉彩彩绘行业大为流传，变化了的工艺不仅降低了工艺的复杂程度，而且使"接色填工艺"以另一种方式变得容易操作。

2. 挖掘材料的性能和用途，促进工艺变化

材料性能潜藏在材料中，对材料的性能和用途的发掘与改变，从事粉彩彩绘的艺人或艺术家有过不同程度和形式的探索。例如，在以"珠山八友"为代表的新粉彩发展阶段，以雪景山水见长的何许人，就是在改变玻璃白用途的基础上形成了工艺创举。在何许人的雪景山水之前，玻璃白的用途为打底所用，辅佐净颜料更为透亮、柔和、明艳的发色。玻璃白用作画料在彩绘雪景山水中，充分发挥了材料的性能，不透明的白色不仅直观地表现了雪景的视觉感受，而且材料的特性在雪景山水意境的表达中也恰到好处地被利用。玻璃白所具有的材料特性被充分发掘和利用，改变其用途，便可

创造出一种新的工艺形式和艺术的表现方法。可以说，玻璃白用途的变化是非常成功的工艺革新。

进入 21 世纪，景德镇窑呈现出又一个繁荣发展的面貌。从陶瓷艺术品市场的活跃到陶瓷艺术形式的多元化，都在影响着粉彩彩绘艺术的发展和变化，对材料和工艺的探索似乎成为新艺术形式在粉彩彩绘中追求的方向。对材料特殊性能的运用和挖掘突破了对传统的认识，无论是艺术家还是粉彩彩绘艺术的接受者，都在试图寻找更加具有时代特征的艺术表达形式。

在传统粉彩彩绘工艺中，对材料的认识和利用是以工整、细腻地表现形象的基础上进行的，装饰纹样或画面形象的塑造是以线条的造诣为审美特征，明暗关系的表达是以均匀细腻的变化为审美要素，点染、洗染的色彩是以色彩的丰富柔和以及细腻而均匀的过渡变化为准则。而如今，随着对材料性能的新认识，对粉彩彩绘的审美认识也产生了一定程度的变化。

艺术家在材料性能的利用和挖掘中进行着多样性的探索。过去被视作工艺缺陷的材料性状成为寻找艺术表达的一个方向。例如：传统粉彩工艺中，樟脑油和朱明料之间的调和、净颜料与煤油之间的调和被称作"料性"，对料性的把握有着严格的规范要求，油量的使用是否合适，是以线条是否清晰工整、色料颗粒排列是否均匀分布、色彩变化是否过渡自然为标准，出其左右便被视作工艺缺陷。樟脑油、煤油都具有一定的挥发、渗化性能，油量过多会使画料、色料在绘制过程中形成流动和晕散的肌理状，这是传统粉彩工艺中绝对避免产生的，而今却被视作一种特殊的肌理效果被利用，追求画面形象的写意表达。对材料这种性能的发掘和探索，艺术家在 20 世纪 80 年代就已开始，王锡良、李峻、戴荣华等陶瓷艺术家在各自从事的领域和题材中，就画面形象的艺术处理采取了不同寻常的工艺处理方法，将"工艺缺陷"纷纷用于特殊艺术效果的表达中，正是这种材料特殊性能带来的特殊艺术效果，使得他们的粉彩艺术形象具有鲜明的时代特征，而在各自的领域独树一帜。他们对材料特殊性能的探索和发掘利用，在一定程度上是对粉彩工艺的一种革新。这种变化了的工艺形式日后对景德镇粉彩彩绘的艺术表达产生着深刻的影响，材料特殊而奇妙的性状，成为艺术家纷纷乐于采用的工艺表现形式（图 2-2-18）。

图 2-2-18 粉彩碧荷丹莲瓷瓶，邹晓松

第三节 粉彩彩绘风格特征的形成

粉彩风格特征的形成和材料、工艺、艺术表现形式分不开，材料的特点决定着工艺方式，以工艺处置材料形成一定的艺术表现形式。粉彩彩绘艺术在不同的历史发展阶段呈现不同的风格特征，艺术形式的表达和不同历史时期的社会因素以及文化艺术的影响有着一定的联系。康熙晚期粉彩初创时就带着皇家风范的审美意趣，引领粉彩瓷艺术在清代的潮流，清代各朝对粉彩瓷的热衷极大地影响着粉彩瓷艺术风格特征的形成和发展，尤以康熙、雍正、乾隆三代最为代表。皇权贵族的审美需求不但影响着官窑产品的风格特征，而且对民窑产品风格特征的影响也极为深刻。当然，粉彩风格特征的形成和粉彩材料以及彩绘工艺更是无法剥离的，从事粉彩绘工艺的艺人和工匠在主流社会意识的影响下，利用粉彩材

料和工艺生成一种粉彩瓷艺术表达形式。

　　清朝乾隆以后，粉彩瓷过度追求工艺的极致精巧、过分繁缛堆砌的艺术表现形式，束缚了粉彩瓷更高境界的发展。清朝咸丰以后受鸦片战争引发的战乱影响，粉彩瓷艺术逐渐走向衰退，具有皇家审美风范的粉彩瓷随着景德镇御窑厂的烧毁而轰然褪去。然而，受战乱影响迁居景德镇的画家，在这特定的社会时局中，以画家的身份入行景德镇的粉彩瓷行业而得以谋生，正是这些外来的画家在悄然改变着景德镇粉彩瓷的艺术风格，他们把国画的艺术表达形式植入粉彩瓷，在不断地进行粉彩瓷工艺实践和探索的过程中，以粉彩材料和粉彩工艺，以瓷为媒介，表达中国绘画的意境，从而深刻影响着景德镇窑粉彩彩绘日后的风格特征。

　　粉彩瓷在现当代的发展逐步形成多元化的艺术表现形式，有的从材料的角度出发，寻求艺术表现形式；有的是借助工艺的变化和发展，探索粉彩彩绘的创新之道；有的从粉彩彩绘的内容和形式的角度出发，表达艺术家独特的艺术感受。这无疑使粉彩彩绘在现当代呈现出艺术风格的多元化。

一、工艺技法的丰富多样

　　清末寂园叟著《匋雅》中曰："前无古人，后无来者，鲜娇夺目，工殊致常。"作者不仅感叹粉彩艺术特征的超绝，对粉彩彩绘工艺的特殊而精致更是称赞有加。由此看出粉彩彩绘艺术风格的形成，离不开"工殊致常"的粉彩工艺、更离不开丰富多样的工艺技法。

　　粉彩彩绘工艺以勾线晕彩的技法，塑造形象的结构特征和明暗关系。勾线晕彩技法是受中国绘画勾线渲染技法的影响而逐步形成。粉彩彩绘形象的轮廓以料笔勾画，均匀而纤细的线条塑造形象的柔美俊逸，顿挫有致的线条塑造形象的俊朗洒脱，点揶而出的线条塑造形象的嶙峋峻峭；以采笔晕彩的明暗变化均匀而细腻，以采笔皴擦的明暗变化形成形象结构特征的层峦叠嶂。粉彩净颜料的填色工艺有点染、洗染技法，在玻璃白上施展点染、洗染工艺，展现形象色彩的娇艳和丰富，赋予形象以柔美、俊逸的审美特征。粉彩透明水料的填色有平填技法、接色填技法，不同的技法对于形象色彩的表达有着不同的视觉感受。平填技法是五彩平填技法的继承，水料通过平填后，赋予形象色彩的同时令形象具有透亮的玻璃质感，这不仅得益于技法的施展，更得益于材料所独具的特点。而接色填技法是平填技法的发展，接色以表现更加细腻的色彩变化为特征，两种不同色系的水料通过相互过渡衔接的工艺呈现色彩的柔和而均匀的变化，在具有温润而透亮的玻璃质感的色彩同时，令形象的色彩产生丰富的变化。粉彩彩绘的各种工艺技法在产生程式化的粉彩工艺过程中各司其职，形成了粉彩瓷艺术风格不可或缺的诸多环节。

二、色彩的粉润柔美

清末寂园叟著《匋雅》中言："软彩者，粉彩也。彩之有粉者，红为淡红，绿为淡绿。故曰软也。"作者从粉彩色彩的角度分析粉彩之所以"软"的特征，可以说粉彩彩绘艺术特征的呈现，在很大程度上离不开粉彩材料所赋予的丰富色彩审美。粉彩在继承康熙五彩的基础上受珐琅彩色彩审美的影响，在康熙晚期创烧，颜料制备经过工匠们多次试验形成一套粉彩彩绘色料的制作方法，"一是对各种彩料进行粉化增加彩料的种类，使其色调风格得以扩大和发展；二是以玻璃白单独用作底色；三是采用金红，从紫红色到淡红色组合画面增加了画面的柔和气氛，色彩更加丰富，产生的艺术效果也更为独特。"[22] 可见色料一经形成就令粉彩具备粉润、柔美、淡雅的风格特征。其中净颜料可以说是体现粉彩艺术特征的重要材料，依托于"涂粉为地"的玻璃白之上，才能呈现出粉润、柔和、娇艳的色彩特征。尤其是花鸟、人物题材的粉彩彩绘，没有玻璃白上的净颜料就没有粉彩独具魅力的审美特征。色料通过点染、洗染技法既可以表现形象的明暗变化，又能体现画面形象既丰富亦有微妙变化的色彩效果。

透明水料所具有的温润如玉的玻璃质感，成就了粉彩又一艺术特征。虽然粉彩彩绘中透明水料的色系品种不如净颜料丰富，只有粉大绿、粉苦绿、赭石、粉古紫等色系，但是每一种色系经过调配后可形成不同深浅层次的色彩，丰富的深浅层次无疑令画面色彩更加柔和而无生硬、强烈刺激的色彩对比。温润如玉的色彩质感以及柔和的色调和粉润娇柔的净颜料共同形成粉彩瓷艺术特殊的魅力。如：清雍正的"粉彩过枝桃蝠纹盘"（图 2-3-1），画面中的桃以洋红和净苦绿点染；桃叶正面以淡粉大绿罩填，反叶则罩填粉苦绿；枝干以两种层次的赭石进行接填；桃花是在玻璃白上洗染淡淡的净苦绿色。画面色彩看似艳丽明亮、对比强烈，但是画面形象色彩的搭配以及玻璃质感水料的使用，使得色彩即粉润、娇艳而又雅致清新。

22. 邹晓松，《粉彩瓷》，黑龙江美术出版社，2013 年，第 99 页。

图 2-3-1 粉彩过枝桃图大盘，清雍正

三、装饰与绘画的交融

粉彩彩绘在康熙年间初创时就有着一定的装饰性特征，这是古彩工艺、纹样形式对其产生的必然影响，是在继承青花、古彩装饰纹样内容和形式的基础上的一种延续和变化。一些传统粉彩装饰纹样的特点是以归纳、概括、简化、夸张等手法将描绘对象进行结构化、特征化、理想化的主观塑造，不强调深入刻画现实生活中形象的真实性，所形成的纹样追求一定的规律性、秩序感和主题性。粉彩彩绘装饰纹样无论是从具象写实还是到抽象概括，都与陶瓷造型相生相伴，装饰与造型体现了精心的设计与经营，不仅可以看到装饰形式附着于造型上所产生的审美形式的规律性变化，还可以看到形成的造型、装饰的设计形式美法则。从元明青花、明成化斗彩、清康熙古彩到清雍正和乾隆粉彩对于陶瓷装饰纹样在造型中的完美诠释，都成为景德镇传统陶瓷装饰纹样经典的代表。这些陶瓷装饰纹样体现了以造型形态为前提的内容与形式美感的规律性、秩序感和主题性，体现了装饰与造型的协调统一，体现了装饰形象由现实到理想化的审美转化。例如：雍正、乾隆粉彩中的适合纹样、锦边纹样、锦地或锦地开光装饰等，都是典型化的陶瓷装饰性结构和布局（图 2-3-2）。

国画这一概念在汉代已形成，无论其媒介是绢、帛还是宣纸，都是平面化的载体，从其发展历程中可以判定，平面化的载体是中国画表达艺术感受的最好媒介。中国画艺术形式在特定的历史时期植入景德镇陶瓷艺术，并对粉彩彩绘产生深远的影响。《中国的瓷器》中说："其画染，则山水、人物、花鸟写意之笔，青绿渲染之制，四时远近之景，规扶名家，各有原本。"充分说明中国画从题材、技巧、用色、

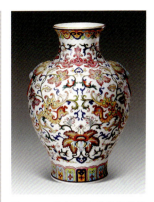

图 2-3-2 粉彩夔凤穿花纹兽耳衔环瓶，清乾隆

构图等方面皆对粉彩彩绘有着深刻影响，甚至从中能够窥见对其产生影响的画派及名家的踪迹。中国画对粉彩彩绘的影响在乾隆时期已经形成，工笔花鸟画代表画家邹一桂、蒋庭锡、王武、谢荪以及恽南田为粉彩瓷大开工笔花鸟表现形式，为粉彩装饰逐渐向着绘画的方向发展提供了艺术氛围。康熙、雍正、乾隆三朝众多优秀的粉彩瓷在保留图案化装饰特征的基础上，逐渐呈现中国工笔花鸟画从技巧到表现形式等诸多方面的影响。

中国画的绘画技巧对粉彩彩绘的影响，首先体现在工笔花鸟的所有技巧、色色方式、内容和题材被粉彩彩绘一并吸收。润泽透亮的白瓷釉面恰好是施展工笔画多种技巧的极佳载体，粉彩彩绘将工笔画技巧乃至题材内容和形式进行全面吸收，与粉彩瓷材料和工艺的特点是分不开的。工笔画中所有工艺技巧都可以通过粉彩材料和工艺得以施展，虽然操作方法上有差异，但是艺术效果却类同。其次，清末民初受新安画派影响颇深的外域画家介入景德镇粉彩瓷艺术，他们将中国画的各种门类植入粉彩彩绘，山水、人物、花鸟、鱼藻、走兽等题材以及工笔、工兼写、写意等笔法和技巧开始在陶瓷载体上大行其道，"以瓷代纸，以料代墨"，以画家的视角展现粉彩彩绘的新面貌。

然而粉彩瓷的装饰性特征却因为陶瓷立体造型的特点具有一定的装饰规律而无法完全剥离粉彩彩绘，有陶瓷造型装饰纹样构成形式规律和审美特征又有中国画技法的存在，正是这种装饰与绘画的交融，成就了粉彩彩绘的风格特征。浅绛彩、"新粉彩"将中国画形式全面植入粉彩彩绘，渐渐打破了传统粉彩装饰性风格的格局，并以一种独立的艺术风格出现在粉彩瓷中。然而，以陶瓷造型为基础进行的中国绘画

图 2-3-3 粉彩花卉虫草瓶，许上礼　　图 2-3-4 粉彩山水冬瓜瓷瓶，邹国钧

式的粉彩彩绘，陶瓷造型的特点依然存在，这就注定绘画形式的表达需要以陶瓷造型的特点为前提，可以说绘画技巧和艺术表现形式，在陶瓷造型上形成的风格特征无法摆脱装饰在陶瓷造型上形成的形式美规律。

随着浅绛彩、"新粉彩"的发展，中国绘画对粉彩彩绘产生的全面影响而最终成为现、当代粉彩瓷艺术特征的主流，但是依然无法摆脱粉彩彩绘与生俱来的装饰性特征。陶瓷造型形态作为粉彩彩绘的载体，三维立体多视角的特点必然要求装饰与陶瓷造型进行完美结合，才具有装饰陶瓷造型的意义（图 2-3-3，图 2-3-4）。

四、严谨的分工合作

宋应星的《天工开物》中"一坯之力，过手七十二，方可成器"是对景德镇制瓷行业分工合作的精准描述。1919 年向焯在《景德镇陶业纪事》中写道："夫瓷业一门，为吾人日用常品，自寻常心理观之，初以为一甄陶之功，一火炙之力而已。而孰知其中积劬之深，分工之细，非更仆所能尽。总其全体言之，陶有土，质必细研；首作坯，土必至于致密；次入窑，火必纯熟；次施彩，术必专精。合而为成器，分而为职工，各执其事，各逞其能。不越俎，亦不互谋。交相递嬗者，无虑百十处焉；各致勤劳者，无虑百十人焉。一致而百虑，殊途而同归，及其成功，则一也。可谓达分工之极则矣。"从中可以看出，景德镇制瓷业在长期的生产实践中逐渐形成严谨而细腻的行业分工、工艺分工，这是中国陶瓷历史中独有的。正是这样的分工合作才使景德镇陶瓷在中国陶瓷发展历史中有着极其重要的地位。直到今天，景德镇制瓷业不仅完整地保留了传统的制瓷工艺，而且严谨的行业分工合作依然延续着。景德镇制瓷业的千年不断，可以说是集众人之力而成一功。

千余年来，景德镇作为唯一以单一制瓷产业而发展的城市，陶工们在各自的行业分工中进行着专一的劳作，并世代相传。在不断的生产过程中积累了丰富的经验，最终形成一个分工而作的手工艺制瓷体系。明清两代，陶工们在生产实践中经历了皇家官窑不惜工本和时间的严格把关和锻炼，在精益求精中不断改进和完善着景德镇的制瓷技术和工艺。

清代景德镇制瓷业的分工变得尤为精细，总体来说主要有三行，正如向焯在《景德镇陶业纪事》中所写："景镇陶工，原非出于一地，其坯户、红店、窑户三行，各执一事，各分一帮，其业之精，且仅传其本帮而世宗其业。心既专，手乃一。"景德镇窑粉彩彩绘是"成器"之道中的一个环节，是制瓷行业分工的一行，而在这个行业中，也存在严谨的分工合作，正所谓"画者不染，染者不画"，彩绘、填色、烧炉分工合作。粉彩彩绘一经产生，就带着强烈的皇家气息，雍正朝粉彩的高度发展和御窑厂建立起来的分工合作制度有着密切的关系，画样、瓷胎制作、纹样设计、纹样彩绘、边角彩绘、填色、烤花等分工合作，陶工们各司其职，每一个工序和步骤可以做到细致入微，充分展现陶工一丝不苟的技艺精神。这种分工合作在很长的一段时间内，对粉彩瓷艺术的发展产生过积极的影响，让粉彩瓷艺术在清代康熙朝后跻身于景德镇彩瓷发展的主流，皇家的青睐和推崇是形成粉彩瓷对工艺极致追求的主要动力，造就了粉彩瓷艺术的皇家风范和特殊的工艺之美。

严谨细致的分工合作，也使得一些陶工们一生只能专门从事一种技艺，会画不会填色。所绘题材也严格分工，他们只专攻山水、人物、花鸟中的一种，涉及其他题材或内容则需要他人的协作完成。例如：景德镇艺术瓷厂，从建厂直到20世纪90年代中期解体之时，严谨的粉彩彩绘分工合作形成一套完整的流水线似的生产体系，有山水组、人物组、翎毛组、图案组，每组各行其是，"不越组，亦不互谋"，而每组又设专门的工人进行各自题材的填色，这种分工合作曾经为其创造了一段辉煌的历史。但是，随着景德镇陶瓷艺术的发展，这种分工合作方式的弊端日益显现。事实证明，过度细腻的工艺分工必将削弱粉彩工艺各环节之间的密切联系，而造成唯技艺致尚的工匠气，亦势必束缚粉彩瓷更高境界的艺术追求。新中国成立之后特别是20世纪80年代成长起来的一批景德镇陶瓷艺术家在接受现代陶瓷艺术教育的基础上，开始理性地看待粉彩瓷传统工艺的学习和运用，认识到个人工艺技术的全面以及个人文化和艺术的修养对所从事的粉彩瓷艺术尤为重要，因此，现当代一些从事粉彩彩绘的艺术家，努力集画面创作、彩绘、填色、烧炉等技艺于一身，如此方可以自由地表达出个人独特的艺术风格和创作个性。

第四节 粉彩彩绘的发展之路

一、富丽的皇家风范

景德镇粉彩瓷是作为官窑品种而创烧的，因此一亮相就带着富丽的皇家风范。从清代康熙开始的各朝，粉彩瓷都不同程度受到皇家的推崇与青睐，皇家富丽、华美的审美追求深刻影响着粉彩瓷审美风格的形成，在成就粉彩富丽的皇家气派的同时，也促进了粉彩瓷成为当时景德镇官窑、民窑彩瓷生产的主流。

1. 粉彩的创烧

"粉彩的创制是继五彩以后，景德镇窑在釉上彩方面取得的又一重大成果。"[23] 粉彩创烧于康熙晚期，是在继承康熙古彩某些工艺的基础上，借鉴珐琅彩一些材料的制备工艺、色色技巧和审美要素，而形成的一种与古彩风格完全迥异的新品种。也就是说，粉彩不仅和古彩有着一定的承继关系，与珐琅彩也有着密切的关系。

康熙古彩的高度成就，为粉彩的出现提供了工艺技术的支持，尤其在玻璃质水料及填色技艺方面，给予了具有西洋审美倾向的粉彩以本土化的特点。釉上黑料（即朱明料）在康熙古彩中的使用，使得五彩不再以釉下青花来勾画装饰纹样的轮廓，这不仅成就了釉上五彩更为细腻的风格特征，而且为粉彩彩绘提供勾线晕彩的材料和工艺参考。

珐琅彩作为舶来品随着欧洲使臣和传教士进入清宫廷，在众多的洋货中，康熙尤为看重华丽高雅的珐琅彩，相对当

23. 方李莉，《中国陶瓷史》（下卷），齐鲁书社，2013年，第757页。

时流行于世的古彩、斗彩，珐琅彩更适合皇室对富贵华丽装饰的审美需求，于是下令在清宫内务府造办处由宫廷御用画师进行由瓷胎取代铜胎画珐琅的试制，瓷胎由景德镇御窑厂烧制好运抵京城，珐琅彩画料则来自欧洲。珐琅彩虽然富丽华贵，具有西洋写实性技巧的特点，但是珐琅料极为昂贵，而又属宫廷中的秘制，无法实现大量产出，也无法完全满足宫廷的需求。为解决供需的矛盾，景德镇陶瓷艺人借鉴珐琅彩材料的制法，在含铅的玻璃质熔剂中使用砷进行乳浊，制成玻璃白。玻璃白在粉彩中首先是用作打底，再以净颜色洗染、点染在其之上，其次是用作粉化净颜色，使色料形成不同深浅具有粉质感的色彩。珐琅彩中最有特点的是玫瑰色系的色料，这种色彩在古彩中是从未有过的，在粉彩中才开始使用这种发色的色料，粉彩中称作胭脂红、洋红，和古彩中矾红的发色完全不同。粉彩从材料的制备到工艺方法的运用都与珐琅彩有着密切的关系（图 2-4-1）。

图 2-4-1 珐琅彩松竹梅纹橄榄瓶，清雍正，中国陶瓷全集

图 2-4-2 粉彩花蝶纹水丞，清康熙

康熙晚期的粉彩还处于初创阶段，装饰纹样的构图简单，风格简朴，线条色重而显得古拙，所用色彩明艳，而在技法上依然保留部分古彩的工艺方法，如装饰画面的花叶采用古彩的单线平填技法，而红色的花头部分则使用珐琅彩中常见的胭脂红进行渲染。可见，初创的粉彩在保留古彩某些工艺的基础上，与珐琅彩的一些材料和工艺有着密切的关系。粉彩是继古彩之后的又一釉上彩绘新品种，之后的不断发展使其一跃成为景德镇彩瓷的主流（图 2-4-2）。

2. 粉彩彩绘皇家风范的发展之路

粉彩彩绘从初创之始，就有着皇家的烙印，成为继康熙之后各朝皇家御用青睐的彩瓷品种，也是各朝官窑生产的主流产品。康熙、雍正、乾隆三朝皇帝对陶瓷的热爱，是成就

图 2-4-3 黄地粉彩花卉纹碗，
清康熙，中国陶瓷全集

粉彩富丽皇家审美风范的重要缘由，各朝御窑厂的粉彩瓷生产都对制作工艺有着严格的要求和规范，以不惜工本之势造就着官窑粉彩瓷的辉煌。民窑粉彩虽然在工艺制作方面不及官窑产品，但是代表审美主流的皇家风范也深刻地影响着民窑粉彩瓷的风格和特征（图 2-4-3）。

雍正时期，粉彩得到了更进一步的发展，雍正皇帝对御用瓷器的热爱不仅促进景德镇窑瓷器的发展，而且影响着粉彩朝着皇家审美风范的方向发展。雍正时期景德镇窑的瓷土选料更为精细，成型工艺更加细致规整，使得胎体坚白细腻而且胎薄体轻，釉面也呈现莹润光洁，这样的胎体和釉面与粉彩彩绘的结合恰到好处。此时的粉彩无论在材料的制备、彩绘技法、填色工艺等方面都达到了空前的水平，正如清末寂园叟在《匋雅》中所说："粉彩以雍正朝为最美，前无古人，后无来者，鲜妍夺目，工致殊常。"雍正时期，玻璃白大量使用在粉彩的装饰纹样中，而且在玻璃白上渲染彩料的技术也渐趋成熟，同时在透明颜料的使用上开始出现接色填技法，即将两种不同色相的颜料填于同一纹饰内，并使其均匀过渡。景德镇窑在彩瓷材料和工艺技术上的进步，使得雍正时期的粉彩呈现出粉润清雅、俊秀逸美的审美效果。

雍正时期的粉彩装饰取材更为广泛，有花鸟草虫、山石楼台、人物故事等，尤以牡丹、海棠、桃花等花卉题材内容为多。装饰纹样在瓷胎造型上布局疏朗，造型器物上出现过墙花（过枝花）的装饰形式，即装饰内容的主体由器物内壁过墙延伸至器物的外壁，如此装饰不仅显示出创造性而具有特殊的审美趣味，过墙花可以说是在装饰形式上的一种突破。雍正粉彩的线条精细纤柔，在装饰风格上开始受到中国画的影响，并在器物造型上常有题诗赋词。随着粉彩彩绘技艺的

图 2-4-4 粉彩桃纹天球瓶，清雍正，中国陶瓷全集

图 2-4-5 粉彩开光烹茶图壶，清乾隆，中国陶瓷全集

逐渐纯熟，这一时期的粉彩瓷十分盛行，并成为官窑彩瓷发展的主流。正是由于雍正粉彩所具有的皇家审美风范以及其所取得的杰出成就，后世的人们把此时的粉彩又称作"雍正彩"（图 2-4-4）。

乾隆时期的粉彩瓷，在继承雍正粉彩彩绘工艺的基础上，制作的品种更加丰富，而且出现了许多新的工艺形式。皇家气派的审美特征更加朝着富丽华美、精工细作的方向发展，色彩更是趋于丰富而华丽，装饰纹样布局开始变得繁复而密集，改变了雍正期间粉彩的清新雅致、秀美俊逸的风格。对工艺技巧的极致追求成为粉彩瓷展现皇家气派审美风尚的途径。乾隆时期是景德镇窑陶瓷史无前例的创造性阶段，造型样式丰富而精美，色彩更是绚烂缤纷，无论数量、质量、品种都达到了发展的巅峰（图 2-4-5）。

较之于康熙、雍正二帝，乾隆皇帝对瓷器的喜爱有过之而无不及，这在一定程度上促进了当时景德镇窑陶瓷的发展。清宫廷内务府员外郎唐英受旨先后担任雍正和乾隆两朝镇窑御窑厂的督陶官，其在任景德镇御窑期间，官窑出产出许多奇思妙想之作。乾隆时期可以说是集过去景德镇窑陶瓷制作之大成。尤其在乾隆朝，粉彩瓷融多种工艺于一型，而成为

图 2-4-6 各色釉彩瓶，清乾隆，中国陶瓷全集

乾隆时景德镇窑陶瓷的一大特色。（图 2-4-6）有色地粉彩结合多种工艺形成的色地开光粉彩，有色地开光加镂空工艺而成的粉彩，还有各类色釉与粉彩彩绘的结合也造就了白地粉彩之外的一种审美意趣。另外，还出现了一种新的粉彩轧道工艺，景德镇俗称这种工艺为"耙花"，是在色地上用针笔工具剔划出忍冬、卷草等纹样作为粉彩开光装饰的色地，这类工艺在乾隆粉彩瓷中极为多用。这些新的综合化的工艺形式在乾隆时期得到了极大的推崇和流行。从陶瓷工艺发展的角度而言，这些粉彩新工艺和新形式的产生，是制瓷业在工艺技术上的一大进步（图 2-4-7）。

乾隆时期，景德镇窑可以说是最为辉煌的一个发展阶段，无论是材料还是工艺技术，都已发展到一种极致的状态，尤以工艺技术堪称"惊人妙技"，正如《饮流斋说瓷》中说到的："至乾隆。则华缛极矣，精巧之致，几乎鬼斧神工。"对工艺的极致要求和装饰形式的繁缛堆砌，使皇家气派的粉彩发展之路走向唯工艺技术而是从。

粉彩在经历乾隆时期的鼎盛发展之后，从嘉庆到宣统，具有皇家气派的粉彩瓷，虽依然是当时官窑彩瓷的发展主流，

图 2-4-7 蓝地粉彩开光山水图碗，清乾隆，中国陶瓷全集

但是无论从制作工艺、造型样式以及彩绘工艺都大不如前朝，呈现出逐渐衰落的景象。从嘉庆、道光直到宣统，粉彩瓷没有进一步的发展，虽然各朝也不乏精美之作，但多是重复前朝之作，不再呈现新的发展趋势（图2-4-8）。

图2-4-8 黄地粉彩八吉祥双耳炉，清嘉庆，中国陶瓷全集

二、粉彩彩绘发展的桎梏

1. 社会的动荡

从嘉庆朝开始，西方列强对中国的觊觎日渐明显，道光二十年（1840年）鸦片战争的爆发使中国陷入连年的战争状态之中，外有西方列强的军事侵略和经济压迫，内有农民起义运动，再加上清政府在政治上的日渐腐败，国家的经济、贸易显著衰退。就是在这样动荡的社会大环境之下，景德镇窑瓷业生产和发展受到严重摧残，粉彩瓷业难以为继。

2. 御窑厂的衰败

清康熙年间，在明代御器厂基础上改建的御窑厂，在清代历朝专为皇家烧制御用瓷器，直至公元1911年止。御窑厂内集中了景德镇最优秀的能工巧匠，最为精良的制瓷原材料以及最为雄厚的生产资金，在严谨、规范的监管制度之下，不惜工本为烧造宫廷用瓷服务。御窑厂在雍正、乾隆二朝，由内务府员外郎唐英担任督陶官，其在任期间不仅为皇家烧造出精美绝伦的御用瓷器品种，而且在督陶管理期间为景德镇窑瓷业的发展做出贡献。在唐英之后，历任的督陶官在监管烧造御用瓷器期间都不敌唐英，因此自嘉庆朝开始御窑厂再无钦任的督陶官，而改由地方官员监管。自此，御窑厂的制瓷工艺日趋衰落，产品再无创新之势，且呈现粗糙之象。

咸丰三年（1853年），太平军攻打景德镇，一把火将御窑厂烧成灰烬，致使御窑厂停产，严重影响到当时粉彩瓷的继续烧制。直至同治五年（1866年），御窑厂得以重建，所有督陶事务也由九江关监督管理。虽因为同治皇帝大婚烧造喜宴用瓷，而使御窑厂瓷业有过短暂的兴隆，但是再无法重现康、雍、乾三朝盛世粉彩瓷的辉煌。直至1911年，辛亥革命推翻帝制，御窑厂就此寿终正寝，代表皇家审美风范的粉彩瓷也无以为继。

3. 工艺的极致追求

"康熙国家闲暇，乾隆不惜工本，其制作之豪宕，由于朝命专官，监督其任，百尔执事，媚兹一人。" "深厚固不如康熙，美丽不及雍正，唯以不惜工本之故，犹足以容与中流。" 从《匋雅》所述的这两段话中，可以看到，官窑瓷器的烧制以不惜工本为代价，由众多能工巧匠只为皇帝一人服务，所有产品的烧制皆受专制皇权意识的左右。粉彩瓷从乾隆朝后期开始走向对工艺技术精妙的追求之中，乾隆帝偏爱华丽繁缛之风，极喜精工细作，粉彩瓷即朝着尽显工艺之能事、色彩之华美、装饰之繁缛的方向发展。对工艺技术的推敲和运用到了无以复加的地步，其后更是用"惊人的妙技来表现错误的美"。一方面，对工艺的极致追求使粉彩发展出前所未有的工艺形式和由此形成的风格面貌；另一方面，唯工艺技术是从却成为粉彩瓷朝着更高境界发展的桎梏，无疑造成思想空间的萎缩而无创造性的发展进步，势必对粉彩瓷装饰内容的内涵表达产生阻滞。过度追求工艺技术的精致巧妙使得粉彩瓷的面貌毫无生气，也势必导致粉彩瓷的发展走向衰落。嘉庆朝以后的粉彩瓷就不再有新的发展，多是对前朝粉彩瓷的模仿和重复，即便是在工艺技术的层面也无法超越前朝。

三、粉彩彩绘发展的转机

从康熙晚期的初创到清末的衰退再到清末民初的再度发展，粉彩瓷在风格、内容和形式上的变化，是从装饰到中国绘画的一种必然变化趋势。景德镇从元青花装饰开始就与中国绘画产生着一种日渐紧密的联系，而粉彩装饰在乾隆朝之后便逐渐朝着工艺技巧的浮夸和炫耀的势头发展，与沁心宜人的艺术感受渐行渐远，惊人的技艺浮夸和炫耀意味着粉彩瓷艺术的发展必然面临新的选择，此时任何一种形式的变化都将会成为粉彩瓷继续发展的转机。

1. 浅绛彩的流行与衰退

产生于咸丰年间的浅绛彩因浅绛山水而得名，"浅绛原指元代文人黄公望创造的一种以水墨勾皴，并以淡赭为主，略施花青、粉绿渲染而成的中国山水画"。[24] 从材料和工艺的范畴来看，"浅绛彩实际上是在粉彩的基础上，进一步演变而来的一种彩瓷"。[25] 咸丰三年（1853 年），御窑厂被毁，精工细作的官窑粉彩随之走向衰弱。原御窑厂的许多良工巧匠和画师散落民间，为谋求生路，一些画师开始自行画瓷，这为浅绛彩的发展和流行提供了空间。

浅绛彩所用的画料和粉彩略有不同，是在朱明料中掺入铅粉配制成"粉料"，用此料彩绘纹样之后可不需要罩填透明水料，烤花后亦可固着在瓷胎釉面之上。浅绛彩通常是在彩绘好的画面上薄薄填盖淡赭、水绿、浅紫等透明色料，再经过 760 度 ~780 度左右的温度烤花即可，烧成后色彩浅淡。在工艺上，浅绛彩改变了传统粉彩彩绘及填色工艺，在一定程度上简化了粉彩复杂而繁多的工艺程序，变成从起稿到填色可由画者独自完成，这促使一批能书善画的文人或画家参

24. 李文跃，《景德镇粉彩瓷绘艺术》，江西高校出版社，2004 年，第 49 页

25. 叶佩兰，《中国彩瓷》，上海古籍出版社，2005 年，第 267 页。

与其中。由于具有艺术修养的文人和画家的参与，浅绛彩的面貌富有强烈的文人味道，多数作品用笔洗练，画面构图疏朗，色彩朴素而浅淡，集诗书画于一体，充分展现中国绘画的审美意趣。当时从事浅绛彩的画家颇多，尤以程门、金品卿、王少维等人的作品为上（图 2-4-9）。

图 2-4-9 浅绛彩秋树斜阳瓷板，金品卿

浅绛彩在彩绘内容和形式上一改传统粉彩的皇家审美趣味，将浅绛山水的文人味道和瓷胎造型结合，所涉及的题材主要有山水、人物、花鸟等。浅绛彩多选择瓷板、文房用具、日用器皿为彩绘载体，不但受到士大夫阶层的喜爱，而且也倍受普通百姓的青睐。因此，浅绛彩在短时间内成为清末民初景德镇较为流行的彩瓷品种。然而，由于浅绛彩在工艺上存在缺陷，薄填的水料不具有良好的耐磨损、耐腐蚀性能，经过一段时日，所绘纹样的画面便慢慢蚀落，而且，掺入铅粉的朱明料在彩绘时无法表现细腻的笔法和丰富的画面层次。另外，由于浅绛彩所用的胎体制作欠缺精良工艺而显得粗糙，因此浅绛彩在进入民国之后便逐渐走向衰退，被民国时期发展起来的"新粉彩"所取代，最终退出景德镇窑彩瓷发展的

行列。

　　浅绛彩发展时期，以程门为代表的具有文人修养的画师们，把文人画从纸上、绢上植入瓷器造型上。他们在把具有文人画风格的中国画移植到陶瓷载体上的同时，把中国传统绘画的审美及精神追求一并带入景德镇釉上彩绘装饰中。

2."新粉彩"的出现及其发展的转机

　　浅绛彩历经 70 余年的发展之后，逐渐被民国初期发展起来的"新粉彩"所替代，期间，"曾从事浅绛彩绘制的一批画家，如潘匋宇、汪晓棠等人开始转向新粉彩的绘制，由此开创了陶瓷粉彩装饰艺术新的时期"。[26]

　　"新粉彩"是相对于传统粉彩而言的概念，从材料和工艺方法上与传统粉彩并无二致，彩绘的内容和形式承继浅绛彩，以中国画的内容和形式装饰瓷胎造型，改变了传统粉彩瓷以精工细作的图案、装饰为主的内容和形式，又不同于浅绛彩以简单的工艺而形成的粗率画面。新粉彩瓷以其丰富的色彩和画面层次把中国画的山水、人物、花鸟等题材和内容表现在瓷胎造型上，在继承浅绛彩文人味道的基础上，将中国画的韵味和精神与陶瓷造型完美地结合。

　　进入民国以后直至抗日战争爆发前，社会秩序和经济的发展相对平稳，处于上流社会的达官显贵、文人墨客对陶瓷艺术品仍旧喜爱和收藏，这无疑为景德镇窑在这一时期陶瓷业的发展提供了一定的空间，尤以"新粉彩"瓷为陶瓷艺术品市场的主流。许多从事新粉彩绘制的艺人自行开设红店，以应市场的需求。当时从事新粉彩瓷绘的代表性人物有潘匋宇、汪晓棠、汪东荣、周小松、许尚礼等人，继他们之后的"珠山八友"更是将新粉彩的发展面貌进一步推进。

　　1928 年，由王琦倡议组织几位同道中的艺人集结成一个

26. 邹晓松，《粉彩瓷》，黑龙江美术出版社，2013 年，第 19 页。

图2-4-11 粉彩妙玉念经图瓷瓶，王大凡

艺术团体，后称"珠山八友"。他们相约中秋节之日，进行小范围的粉彩瓷艺术的交流和研讨，每人携带一件作品相聚一起，品茶论艺。艺人们这种形式的相聚和研讨，在当时受到大家的认同和好评，于是便形成约定，每当月圆之时大家聚会一次，因此定名为"月圆会"。这一民间组织形式在当时促进了艺人们之间的艺术交流。虽为"珠山八友"，实则组成人员有十人，他们是：王琦、王大凡、程意亭、汪野亭、邓碧珊、刘雨岑、田鹤仙、徐仲南、何许人、毕伯涛。当时虽然对"珠山八友"的成员说法不一，但是他们十人在当时景德镇陶瓷界是极具代表性的人物，在各自的领域有着极为突出成就。王琦、王大凡擅长人物题材，刘雨岑、程意亭、毕伯涛以花鸟题材见长，邓碧珊擅画人物肖像和鱼藻题材，田鹤仙以梅花题材见长，徐仲南晚年以画竹闻名，何许人则以雪景山水为独创（图2-4-10、图2-4-11）。

图2-4-10 粉彩梅树花开瓷板，汪野亭

"珠山八友"继浅绛彩瓷之后将中国画这一艺术形式与陶瓷载体的结合，在短短的几十年间使得当时景德镇窑的粉彩瓷从题材到表现形式发生了历史性的变革，以他们为代表的新粉彩不仅变革了景德镇维系百余年具有宫廷化审美风尚的传统粉彩，而且对后世景德镇窑粉彩瓷的变化和发展产生着深远的影响。

当宫廷化审美风范的传统粉彩瓷逐渐走向没落之时，在浅绛彩基础上发展而来的新粉彩成为景德镇窑粉彩瓷继续发展的一个历史转机。中国绘画的审美特质由此成为景德镇后世粉彩瓷艺术的主流发展方向。山水、人物、花鸟，工笔、写意各显其能，从内容到形式、从笔墨到技法，尽显中国绘画的精神内涵。粉彩瓷这种从风格到内容和形式的变化一直影响着景德镇陶瓷艺术的发展，已成为众多从事陶瓷彩绘的艺术家们竞相追逐的至高境界。

四、粉彩彩绘的新发展

1. 粉彩彩绘发展的新机遇

粉彩瓷在民国时期经历几十年短暂的发展，在抗日战争爆发以后又进入一个发展的停滞期，直到新中国成立以后的50年代，粉彩瓷才又得以继续发展。"经过第一个五年计划时期社会主义企业改造，景德镇陶瓷工业完成了由个体'红店'向合作化经济的转化，瓷业性质已基本属于国家和集体所有"[27]。景德镇瓷业就此得到了恢复和重新发展。1954年成立的艺术瓷厂成为粉彩瓷生产的专业瓷厂，集中了一批解放前颇具影响力的粉彩瓷艺人，他们在20世纪五六十年代，创作出许多反映时代特征的粉彩瓷作品，在各种题材的作品中以现实生活入画，从彩绘内容和形式上又与民国时期的粉彩

27. 李文跃，《景德镇粉彩瓷绘艺术》，江西高校出版社，2004年，第85页。

图 2-4-12 粉彩姑勤罢息瓷板，余昌驹

瓷有着不同的风貌（图 2-4-12）。

　　1966 年至 1976 年，是中国进入一个特殊的历史时期，此时强调一切艺术形式要为社会主义政治服务，反对为艺术而艺术的资产阶级个人名利思想，个人的艺术表达上受到极大的思想禁锢，在彩绘形式和内容上呈现强烈的政治化色彩，但在工艺技术的表达方面依然令人叹服。这一特定历史时期的粉彩瓷艺术与其本质的发展规律是相背离的，这在一定程

度上使粉彩瓷在个人艺术思想的表达以及个人艺术价值的体现上产生了极大的阻碍和禁锢。

图 2-4-13 粉彩赤壁赋瓷板，李骏

进入到 20 世纪 80 年代至 90 年代，粉彩瓷艺术可以说迎来了又一次更加具有深远意义的发展机遇，许多从事粉彩瓷艺术的艺人和艺术家们，在艺术形式的表达上获得了精神上的解放，从此粉彩彩绘艺术重新回归艺术自身发展的轨道，艺术家们纷纷以作品抒发自己被禁锢已久的思想情感。这段时间的粉彩瓷艺术在继承中国画艺术形式的基础上，开始出现从材料和工艺出发找寻创新和突破传统的契机，许多从事粉彩彩绘艺术的艺人和艺术家们进行着各种形式的探索和研究，创作出许多风格各异、艺术表现形式更加丰富的粉彩彩绘作品（图 2-4-13）。这一时期还有一批逐渐成长起来的陶瓷艺术新生力量，他们在现代艺术思潮的影响下，思想非常活跃，在粉彩瓷艺术中更加自由地表达自我。

20 世纪 80 年代，西方现代艺术涌入中国，一些新现代艺术和设计形式开始广泛地冲击着国内艺术家的视野，同时，西方现代陶瓷艺术观念也影响着国内的陶瓷艺术界，影响着艺术院校对陶瓷艺术教育的观念。而对陶瓷产区来说，也是一次自我发展的机遇，尤以景德镇为突出，许多从事陶瓷艺术创作的艺术家都受到过景德镇陶瓷学院、陶瓷职工大学以及其他地方艺术院校的教育和培养。众多有学院教育背景的艺术家，在这段时期内成为景德镇陶瓷艺术界极为活跃的群体，他们的作品具有丰富的表现手法，不拘泥于传统的工艺和形式，对新材料、新工艺、新的艺术形式都有着积极的探索和研究，他们的作品体现出鲜明的时代特征和超越传统形式的自我风格。

图 2-4-14 粉彩仕女瓷板，李骏

2. 粉彩彩绘的多元化发展之道

进入 21 世纪，随着景德镇艺术陶瓷、陈设陶瓷前所未有的繁荣发展，景德镇窑的粉彩瓷艺术步入一个艺术形式多元化的时代。伴随着新材料、新工艺、新的艺术表达方式不断出现，粉彩瓷艺术发生了前所未有的变化。例如：为改变粉彩复杂而具有高难度的工艺，出现了新型玻璃白。这种玻璃白可以进行多次烤花，降低了工艺难度。于是催生出一种新的工艺方法，首先将填好的玻璃白进行第一次烤花，然后在烧结的玻璃白上进行色料的渲染，这样即可以降低工艺操作难度，又能实现粉彩传统工艺所表达的粉润之色，多样化的艺术形式可以通过工艺的变化进行更加自由的表达。

发掘材料的特殊性能而利用在作品的创作中，也是令粉彩瓷艺术呈现出别样面貌的一种创作趋势。在粉彩彩绘的传统工艺中，对于材料性能的利用有着严格的规范和要求。朱明料与樟脑油的比例、净颜料与煤油之间的比例等，都是不可随意为之的。在粉彩彩绘过程中，朱明料出现晕料、炸料，洗染、点染净颜料不匀净都被视作工艺缺陷，如今，这些材料性能的规范要求不再是衡量工艺好坏的唯一标准，晕料、炸料、随意点摄净颜料却成为一种新的表现技巧和审美趣味，这种对材料性能的挖掘和利用，成为粉彩彩绘获得新的艺术表现形式的途径（图 2-4-14）。

粉彩彩绘和其他形式的工艺相结合亦成为现在艺术家们非常热衷的创作方法，粉彩和坯处理工艺的结合、粉彩彩绘与颜色釉的结合、粉彩彩绘与现代陶艺形态的结合等新型的表现手段和方法的运用使粉彩彩绘呈现出前所未有的多元化面貌。与多种工艺的结合，使得粉彩彩绘在保留已有工艺特色的基础上，呈现出艺术表现形式的多样化，在一定程度上改变了人们对粉彩彩绘固有的认识，而形成对粉彩彩绘全新的审美认识（图 2-4-15）。

　　自从浅绛彩、"新粉彩"将中国传统绘画艺术形式与陶瓷载体相结合，中国传统绘画的内容、形式以及表现技法已经成为后世粉彩彩绘审美追求的典范，虽然粉彩瓷如今的发展呈现出多元化的发展趋势和面貌，但是对中国绘画的审美追求却始终成为粉彩彩绘艺术形式表达的主流，对材料性能的拓展和利用是为了表现中国泼墨画的写意意趣，和颜色釉的结合是以釉色的丰富变化更好地表达中国绘画所特有的意境。

　　从现今景德镇窑粉彩瓷的整个艺术表现形式和风格特征来看，虽然中国绘画的审美趋势依然是主流，但是对材料性能的挖掘而拓展新的表现形式、寻求彩绘工艺变化之道、与其他工艺形式的结合、与丰富颜色釉的结合，却足以反映出粉彩彩绘多元化的发展之路。

图 2-4-15　粉彩与颜色釉的结合，碧荷生幽泉瓷板，宁钢

第三章

景德镇窑的新彩彩绘

第一节 新彩彩绘的舶入和发展

一、新彩彩绘的舶入

新彩在很长一段时间里被称作"洋彩"，从"洋"这个字面的意思，就可以得知新彩原本是舶来品。对于新彩传入景德镇的具体年代，业界认为是在清末民初舶入景德镇的，由于缺乏史料的具体记载，目前尚未确切定论，还有待今后相关专业学者的进一步考证。

笔者在叶佩兰所著的《中国彩瓷》以及上海锦绣文章出版社的《华风欧韵》等书籍中得见清雍正、乾隆等时期的墨彩及墨彩矾红描金瓷器的图片，其中大多为外销瓷。这些外销瓷是清代景德镇专门为欧洲市场制作的瓷器，只有极少数留在国内。这些墨彩瓷器具有西洋金属版画的风格特点，黑料色泽黝黑，类似新彩彩绘色料中的艳黑，与当时用在粉彩、古彩中的珠明料在发色上有很大差异，而且看不到有覆盖水

图 3-1-1，民国新彩瓷

料的痕迹。如果这些墨彩的画料是西洋"德料"中的"艳黑"，那么新彩出现的时间就有可能上推至清雍正时期或者更早。由于未能得见实物，因此不能做出定论，有待今后的确证。

笔者认为，新彩的舶入与外销瓷有着一定的联系，清雍正、乾隆时期，景德镇、广州的外销瓷颇为繁荣，来样订单是当时外销瓷的主要方式，这种"来样加工"式的瓷器贸易往来方式，为新彩材料与工艺随着西洋传教士或者商人源源不断地进入中国而入驻景德镇提供了可能和便利。景德镇传统古彩、粉彩的色料品种不能完全满足西欧国家对瓷器装饰色彩的审美需求，于是当时依赖科技力量生产的新彩色料被外销瓷商人带入广州和景德镇是顺理成章的，以这种方式实现外销瓷"洛可可"式的审美风尚。

二、新彩彩绘的发展

1.民国时期新彩彩绘的发展

清末民初，正值景德镇窑粉彩瓷发生艺术风格转变的时期，延续二百余年发展的粉彩瓷，其宫廷化的审美风格走向衰退，继浅绛彩之后的新粉彩将中国绘画的艺术形式植入陶瓷造型，使得已经步入衰退的粉彩瓷发生了转机，再次成为景德镇窑彩瓷发展的主流。新彩彩绘虽然在此时已经存在，却没有受到艺人及陶瓷艺术品消费者的青睐。从西洋新近舶入景德镇的新彩工艺技法无法在具有深厚中国传统审美情节的釉上彩绘装饰中占据重要位置。发展初期的新彩，其粗率、简单的工艺技法无法与分工精细、工艺极致的粉、古彩相比，因此没有得到很好的发展。多数新彩彩绘作品为民间日用瓷器，彩绘工艺粗糙，其中一些产品的装饰内容以女性时装人物为题材，多反映当时女性的一种生活状态（图 3-1-1）。

作为新彩工艺种类的墨彩描金、肖像彩绘、扁笔抹花等多种工艺形式在民国时期已经发展成形，却排除在粉彩瓷发展主流之外，即便是民国时期发展较为鼎盛的刷花工艺也无法与已经成为景德镇彩瓷发展主流的粉彩彩绘相匹敌（图3-1-2）。但是，新彩彩绘所用丰富色料和操作便利的工艺已逐渐被绘瓷艺人所认识，开始有一些从事粉彩技艺的艺人对如何把新彩的某些色料和技法与粉彩装饰相融合进行探索。民国时期，许多彩绘艺人对于新彩装饰形式的利用也仅仅是表现为对材料的借鉴和为达到特殊表现效果而局部采用西洋彩绘的工艺方式。例如：邓碧珊的鱼藻类题材的粉彩作品，虽然有写实性、立体感的特点，但是画面构图与形式依然呈现中国传统绘画的审美特征；王琦、王大凡的粉彩人物，在面相的处理上保留了西洋绘画的某些特征，但是他们的粉彩作品依然是秉承着中国传统绘画的审美趣味（图3-1-3）。

图3-1-2 民国刷花爱菊图瓷板，程大有　图3-1-3 粉彩富贵寿考图瓷板，王琦

2. 特定历史时期新彩彩绘的发展

新中国成立之初，为重振景德镇的陶瓷发展，先后建立

了十大瓷厂（建国瓷厂、艺术瓷厂、人民瓷厂、雕塑瓷厂、为民瓷厂、光明瓷厂、东风瓷厂、红旗瓷厂等）。十大瓷厂的建立改变了景德镇陶瓷彩绘的生产模式，把分散的"家庭作坊式"、自发性生产方式和自主经营模式改造成为由政府直属机构进行统一管理的工厂式合作化生产方式及经营模式。这种有序的生产方式、经营模式对一度因战乱而停顿的景德镇陶瓷业的恢复与发展起到了积极作用，极大地提高了民间艺人的积极性，也在一定程度上提高了民间彩绘艺人的社会地位。新彩彩绘从此开始了其前所未有的发展，许多国营陶瓷厂设有新彩彩绘工艺生产形式，瓷像彩绘、墨彩、刷花等工艺形式都有规模生产。

1953 年景德镇瓷用化工厂建立，经过几年的发展，化工厂可自行生产新彩彩绘用颜料和瓷用贴花纸。新彩颜料实现了"本土化"生产。1956 年、1957 年，上海国华、鸿丰这两家贴花纸生产企业迁入景德镇，瓷用化工厂成为当时全国最早、规模最大的国营陶瓷贴花纸生产企业。贴花纸的生产和应用在很大程度上实现了新彩彩绘装饰在日用瓷装饰领域的效率化生产，满足了人们对日用陶瓷装饰的审美需求。贴花纸工艺的发展与成熟是在文革期间，以瓷器为载体宣传那个时期的政治思想有着广阔的施展空间，从而形成了那一独特历史时期特殊的陶瓷装饰内容与风格。

20 世纪五六十年代，在艺术的各个领域均以表现社会现实生活和人民大众身心得到解放的现实主义题材为主流，新彩彩绘装饰也不例外，自此新彩从材料、工艺到表现技法均形成了"本土化"的发展趋势。中国传统绘画的写意或工笔技法成为新彩彩绘借鉴的模式，中国传统绘画的审美形式也成为新彩瓷发展的主流。进入瓷厂的景德镇彩绘艺人开始以积极反映革命现实主义为创作的主流方向。新彩彩绘创作题材也主要围绕着歌颂祖国大好河山，反映社会主义祖国勃勃生机，表现劳动、丰收、知识青年到农村等符合政治目的与要求的主题进行。这些作品具有鲜明的时代烙印和极其强烈的政治化色彩。

"文革"时期，中国经历了一段极为特殊的历史时期，景德镇的彩绘艺术也因此受到了极大的影响。那个时期提倡"艺术必须为政治服务，为社会主义建设服务，为工农兵大众服务......任何题材和内容的选择和处理，都必须服从这个总方向"[28]，对陶瓷艺术作品的创作，要求"在革命现实主义和革命的浪漫主义相结合的创作思想指导下"[29]进行。新彩彩绘也不例外，成为在陶瓷上反映这一历史时期政治思想极为有效的方式。新彩的彩绘作品以现实主义的手法反映"文化大革命"以及歌颂祖国的大好河山。贴花纸工艺被应用于陶瓷装饰中，成为宣传"文革"政治思想的载体。每件作品的形象都成为政治宣传的武器随着陈设陶瓷、日用陶瓷进入千家万户。

3. 多元化发展的新彩彩绘

改革开放时期，陶瓷艺术创作思想得到解放，景德镇新彩彩绘得到一定程度的发展，各类工艺形式获得进一步的发展。其中瓷壁画成为这一时期的一个代表。继 1979 年首都国际机场大型陶瓷壁画《森林之歌》（由中央工艺美术学院——现清华大学美术学院祝大年教授设计，原轻工业部陶瓷研究所陶瓷艺术家张松茂、景德镇陶瓷学院施于人教授等参与了壁画的绘制过程。壁画的绘制主要是以新彩彩绘工艺形式为主）之后，在景德镇掀起了以新彩彩绘工艺绘制陶瓷壁画的热潮。陶瓷壁画的发展扩大了新彩彩绘艺术的表现空间，新

28.景德镇陶瓷学院美术系编写，《陶瓷彩绘》，轻工业出版社，1961 年，第 6 页。

29.同上注，第 1 页。

图 3-1-4 钟莲生

图 3-1-5 李林洪

彩壁画成为当时风靡一时的室内外公共空间的装饰形式。尺幅大小不一的壁画均由大约20厘米长和宽的釉面砖组合而成，彩绘所表现的内容多以中国传统绘画的形式来表现各地具有代表性的风景名胜。由于当时新彩色料的耐酸碱腐蚀性能较差，而壁画通常是镶嵌于室外的景观墙面上，壁画上的装饰画面及颜色在风吹日晒中容易被腐蚀，于是这种陶瓷壁画在20世纪90年代末期，悄然退出了景德镇陶瓷彩绘界。

新彩彩绘艺术经过20世纪八九十年代的发展已逐渐成为景德镇现当代陶瓷艺术中的一个重要的彩瓷品种，和古彩彩绘、粉彩彩绘成为景德镇窑的三大釉上彩绘工艺形式，如今景德镇陶瓷艺术迎来了一个前所未有的多元化的发展面貌。

20世纪80年代至90年代，西方现代艺术思潮对中国现代艺术的发展产生了极大的影响，对陶瓷艺术领域也产生了前所未有的影响。新彩在现代艺术形式的影响下，逐渐发生着变化，许多艺术家在继承传统陶瓷艺术形式的同时，开始以现代艺术观念和形式融入各自的作品创作中，尤其是受过陶瓷艺术专业院校教育的艺术家们，以他们对艺术形式特有的敏感，对新彩材料性能的表现力进行着深入的探索和研究，在新彩瓷艺术领域以极为活跃的艺术表达形式展现着新彩彩绘的魅力。"景德镇陶瓷学院的钟连生、李林洪等老师对新彩材料的探索影响力是深远的。景德镇陶瓷学院的老师受过扎实的基本功训练，艺术眼光开阔且都学贯中西，他们不同于工匠和传统艺人，他们对新彩的探索、创新是全方位的，不但重视观念的更新，也注重形式语言的探索。"[30]（图3-1-4、图3-1-5）

以艺术瓷厂为代表的陶瓷艺人在这一时期也面临着历史

30. 李磊颖，《传统陶瓷新彩装饰》，武汉理工大学出版社，2006年，第4页。

性的变革，他们中的许多人以工人的身份在艺术瓷厂的各大车间中"生产"着景德镇具有代表性的釉上彩绘瓷器品种。他们是以学徒的形式成长起来的，因此他们在继承传统工艺方面具有得天独厚的优势，在艺术形式的表达上更多地继承于师父或老师，把中国传统绘画的艺术形式在新彩彩绘工艺中发扬光大。一些有志青年在国家恢复高考制度后，纷纷从国营瓷厂考入艺术专业院校接受系统化的专业培养，毕业后他们重新回到自己所从事的专业领域，有的进入景德镇的各大陶瓷研究所，有的成为瓷厂美术研究室的骨干力量，他们以全新的观念和深厚的工艺技能在彩绘领域践行着自己的艺术追求。尤以原轻工业部陶瓷研究所、江西陶瓷研究所、景德镇陶瓷研究所最为突出。一大批接受过系统化专业知识和技能训练的年轻艺术家在突破传统艺术形式上进行着各种形式的探索，丰富的新彩材料以及材料的特殊性能，成为他们在创作中发挥自己艺术风格和个性的重要选择。

进入 20 世纪 90 年代以后，景德镇窑的新彩彩绘可谓迎来一个艺术表现形式多元化的时代，新彩彩绘工艺开始逐渐成为景德镇陶瓷彩绘领域具有最为丰富、最为活跃表现形式的釉上彩绘品种。中国传统绘画表现形式、西洋绘画表现形式、现代绘画表现形式、装饰意味的表现形式等都有各自的发展。新彩彩绘的多种工艺表现形式在作品风格的表达上形成多元化发展，艺术家在追求多样化工艺形式的表现方法时，把陶瓷艺术领域的多种工艺与新彩彩绘相结合，新彩与粉彩的结合、新彩与刻花工艺的结合、新彩与颜色釉的结合、新彩与陶艺形态的结合等。多种陶瓷工艺的综合运用，给新彩彩绘提供了更加广阔的发展空间，艺术家不再受材料、工艺、艺术特征和传统观念的束缚，令新彩成为当今颇具艺术风格多样性的彩绘艺术形式，在一定程度上改变了景德镇传统彩绘的面貌。

第二节 新彩彩绘的材料和种类

一、新彩彩绘的材料

1. 新彩彩绘的颜料

新彩彩绘使用的颜料是以氧化铜、锰、铁、铬等各种金属氧化物为原料，经过高温煅烧之后形成不同色彩的熔块，再将熔块精细研磨与低温熔剂调配而成。艳黑以铁、钴、锰等氧化物的混合物为着色剂；西赤以铁的氧化物为着色剂；玛瑙红以氧化铬和少量黄金为着色剂；草青、川色以铬、钴、锑、铜等金属氧化物为着色剂。

新彩彩绘颜料经过特殊工艺加工之后，色彩的发色具有一定的稳定性，在七八百度的低温烧成前后呈色基本一致。除极少数色料间不可相互调配，其他颜色均可自由调配。新彩彩绘颜料的特性使彩绘过程便于操作，也为新彩彩绘形成多样化的表现技艺提供了便利条件。新彩彩绘颜料极为丰富，色彩种类与中国画、油画、水彩画等颜料的呈色无大的差异，绘画中所能表现的色彩，新彩颜料几乎都可以表现出来。

新彩色料主要有：

黑色系：特黑、艳黑、深黑。

白色系：丝网白。

红色系：西赤、深赤、小豆茶、辣椒红、玛瑙红、桃红、宝石红、镉锡红等。

绿色系：川色、草青、深绿、皮色、橄榄绿等。

黄色系：薄黄、浓黄、深黄等。

蓝色系：海碧、天青、深蓝、甘青等。

赭色系：代赭、淡赭、深赭等。

金色系：本金、洋金、代金色等。

上述色料中西赤类颜料和黄色系颜料不可调配，白色系颜料不可与其他色系的颜料调配，其他颜料之间均可以相互调配形成更加丰富的复合色系。

2. 新彩彩绘颜料的引进和本土化

18 世纪中叶，随着欧洲工业革命的进程和西方国家科技的进步，陶瓷工业生产得到了迅速发展，陶瓷颜料的加工工艺形成了一套科学的方法。新彩颜料在这一时期形成了一套科学的制备方法——熔块技术，即着色金属氧化物经过高温煅烧之后形成熔块，然后将熔块经过精细研磨再配以硅酸盐类的熔剂形成新彩颜料。直至新中国成立初期，新彩彩绘所使用的颜料均依赖进口，主要来自于德国等欧洲国家，因此新彩颜料曾被称为"德料"或"洋料"。新彩颜料中某些色料的名称至今依然保留使用，如"德黑"、"西赤"、"海碧蓝"等。

随着 1953 年景德镇成立中国第一家瓷用化工厂，实现了多种陶瓷化工原料、陶瓷彩绘颜料、贴花纸的自行加工生产，新彩彩绘颜料便实现了"本土化"生产，从此不再依赖进口。在1956年的一次全国陶瓷专业会议中，即将"洋彩"改称为"新彩"或"新花"。

二、新彩彩绘的种类

景德镇新彩从工艺的角度来分，主要有墨彩描金、手工

图 3-2-1 墨彩描金岳飞图瓶，
周湘甫

彩绘、刷花、喷花、腐蚀金、贴花纸等工艺形式。随着时代的发展，其中有些工艺形式因其工艺的复杂程度或者操作过程对人的身体健康产生一定的不利影响，而逐渐淡出景德镇的陶瓷彩绘界，比如刷花、喷花、腐蚀金等工艺。

1. 墨彩描金

墨彩工艺并非字面所体现的只有"墨"色，而是包含不同色彩层次的黑色和红色。红色在过去多使用矾红，由于矾红的制作工艺较为复杂，如今墨彩中使用的红色色料多为西赤。墨彩描金工艺是以艳黑、矾红或小豆茶勾线，并以艳黑、矾红或西赤晕彩画面形象的明暗变化，其色调以黑色为主，以黑色与红色调和而成的中间色为辅，彩绘完成之后，需经过第一次烤花，再进行描金，完成后再进行第二次烤花。

新中国成立以前的墨彩描金瓷器，从工艺的角度来看，由于多用水料进行绘制，无法做到画面形象的精细描绘，因此与民国以后追求工艺精细的墨彩描金相比显得粗犷。景德镇老艺人周湘甫于 1936 年在传统墨彩的基础上进行墨彩描金工艺的新尝试并由此自成风格，他对新中国成立后景德镇墨彩描金工艺的发展有着非常重要的影响。他的作品通常以人物题材为主，且多以戏曲人物故事为表现对象，人物形象又以表现武将、婴戏为多。作品《木兰从军》为其典型的代表作，画面在黑色与红色色调的对比中形成丰富而细腻的色彩层次变化。描金部分线条流畅，描金纹样变化丰富。色彩的表达具有浓郁的民间特色，金色线条及纹样在呈现金碧辉煌的视觉效果的同时，又呈现出一种雅致的艺术感受。与周湘甫同时代从事墨彩描金的艺人还有雷火莲、李盛春、吴原青等人（图 3-2-1）。

由于纯金色的制作成本较高，因此，过去的墨彩描金没能得到很好的发展。20 世纪 50 年代西方的"洋金"传到中国，尤其 50 年代景德镇能自制"洋金"以后，这种含金量较少又能保持鲜亮金色的金水，使产品成本大为降低，因而被大量运用到新彩装饰中。成本的降低促进了墨彩描金、红彩描金工艺的进一步发展。20 世纪 80 年代，景德镇艺术瓷厂的墨彩工组批量生产的墨彩描金工艺产品，倍受海外市场的青睐，主要以东南亚市场为多。

　　由于墨彩描金工艺中装饰纹样需细致入微地描绘，尤其是描赤金（又名本金），其工艺性较强且不易掌握，又需要经过两次烤花烧成，因此如今从事墨彩描金工艺者甚少，精细者更是寥寥无几。师承周湘浦的夏忠勇，在传统墨彩工艺的基础上又吸收了现代粉彩人物服饰中图案、纹样精细的特点，其作品的人物造型具有现代感，既有墨彩描金所特有的古朴特色，又体现出一种清新雅致的风格，因而成为景德镇墨彩描金工艺从业者中的佼佼者（图 3-2-2）。

图 3-2-2 墨彩描金人物圆盘，夏忠勇

2. 手工彩绘

在新彩的分类中，手工彩绘形式包含墨彩描金、扁笔抹花以及其他以各种毛笔或工具进行彩绘的工艺形式。墨彩描金因其具备独特的艺术特征和发展历史而从工艺的层面进行独立划分。在新彩瓷艺术发展的历程中，手工彩绘工艺形式是主要的类型。

新彩手工彩绘是指采用毛笔或借助其他工具在已烧制好的瓷胎釉面上进行画面或装饰的彩绘，在彩绘过程中，各种工艺技巧和方法的运用是表现作者创作构思和创意的关键。新彩手工彩绘发展至今，是丰富的工艺技巧和方法成就了新彩多种类型的工艺表现形式。其中有中国绘画的表现形式，有西洋绘画的表现形式，有融贯中西的艺术表现形式，有装饰意味的表现形式等，如此丰富多样的表现形式都得益于新彩材料所具备的特点。新彩色料具有烧成前后的一致性，具有以色料彩绘好画面既可以入炉烤花的特点，新彩色料的特点不仅令新彩具有丰富的色彩表达，而且给工艺操作带来便利，使得新彩手工彩绘具有丰富的工艺表现形式。

3. 刷花、喷花

刷花工艺是清末由日本传入中国，受日本"东洋振染"纺织印染工艺与西方搪瓷喷绘技术的启发发展而来。刷花在后期的发展中又受到了中国民间丝网印刷工艺和剪纸艺术以及民间木版画的套色技巧的影响，逐渐形成并发展成为一种独特的工艺方式而自成风格。

刷花工艺在民国时期的景德镇发展最为鼎盛，虽然受外来工艺的影响，但是其装饰风格特点却秉承着中国传统绘画的审美特征，不仅追求色彩的明快艳丽以及层次的丰富变化，而且追求色彩在瓷器表面均匀、自然过渡的变化与衔接。

民国时期程大有的刷花技艺尤为杰出，时称"刷花大王"。程大有的人物刷花，可谓"前无古人，后无来者，堪称景德镇陶瓷艺术界的一绝"[31]。民国时期从事刷花工艺的艺人还有夏鼎臣、扬子镜、方庭、王纪堂、图真合、毛子荣、王隆泰、陈先水等。由于民国时期刷花作品存世的不多，我们已无法从中细观那段历史时期的刷花艺人们各具特色的刷花技艺。

图 3-2-3 新彩刷花瓷瓶，芙蓉翠鸟，喻海根，私人收藏

刷花以其工艺的独特性在新中国成立后的三四十年中得以传承。景德镇艺术瓷厂设有一个专门生产刷花工艺瓷器的工段小组，在艺术瓷厂美术研究室的老艺人陈先水成为新中国成立后最具有代表性的刷花艺人之一。陈先水师承程大有，在民国末年就开始在传统刷花技艺的基础上进行新的尝试，他前期的作品以刷为主、以画为辅，而后期的刷花作品则以画为主、以刷为辅，在刷花作品中更多地体现出中国传统写意绘画的笔法及韵味。景德镇东风瓷厂也曾经是生产刷花瓷器的主要厂家，主要以日用瓷器装饰为主。程斌、喻海根等人也是当时刷花工艺承继者的代表（图 3-2-3）。

然而，刷花工艺由于操作工序复杂，并且在工艺操作过程中含有铅熔剂的色料粉尘会飘浮在空气中而对操作者产生一定的身体铅毒伤害，因此没有成为新彩发展的主流。当今景德镇刷花工艺的发展状况与民国时期的辉煌相去甚远，从事刷花工艺的艺术家可以说是寥若晨星。

"喷花"又称"喷彩"，在唐山又有"镂花着彩"之称谓。"唐山喷彩是解放初期，在手工刷花的基础上发展起来的一种釉上装饰"[32]，由此可见，喷彩在解放初期就已发展成形。20 世纪 60 年代，景德镇有了借助机械手段进行流水作业的喷花工艺，用于瓷器釉上装饰的批量化生产。喷花工艺改变了

31. 熊寥编著，《中国近代名家陶瓷》，上海文化出版社，2004 年，第 13 页。

32. 刘振甲，《喷彩挂盘"碧水鱼乐"的设计体会》，《中国陶瓷》，1983 年第 1 期，第 15 页。

刷花工艺的手工操作方式，装饰画面更加细腻、写实，装饰形象的色彩与明暗变化的过渡更加自然。

20世纪70年代至80年代，喷花在景德镇有着一定规模的发展，艺术瓷厂等几家大型国营陶瓷厂均设有生产小组进行喷花瓷的生产。但是在喷花工艺操作的过程中，同样会有含铅的色料微粒大量悬浮于空气中而对操作者形成严重的身体铅毒伤害，因而在20世纪80年代以后，景德镇逐渐停止了这种工艺生产方式。

4. 贴花纸

贴花纸工艺是印刷技术在陶瓷装饰艺术领域的应用，从工艺的角度可分为釉上贴花、釉下贴花、釉中贴花。釉上贴花是以新彩色料为着色剂，将设计好的陶瓷装饰纹样印刷在一种薄膜或胶水膜上，然后再以酒精或清水将薄膜贴在需要装饰的瓷胎釉面上，然后经过760度左右的温度烤花，薄膜上的装饰纹样固着在釉面上。贴花纸工艺在陶瓷装饰领域的运用改变了新彩手绘的工艺操作模式，实现了日用陶瓷装饰画面采取印刷式的生产方式，使日用陶瓷的装饰得以规模化、产业化的发展。

纸贴花纸工艺是在清末由中国派驻的日本留学生引入国内。20世纪30年代，上海首先引进并试制出贴花纸，陆续有国华、鸿丰等几家陶瓷贴花纸生产厂家，采用石版印刷的方式进行陶瓷贴花纸的生产。当初贴花纸的生产，因为国力的衰微还无法形成规模化，因此贴花纸装饰的日用陶瓷没有得到很好的发展。

1953年景德镇瓷用化工厂建立，建立之初由于技术力量比较薄弱，瓷用贴花纸生产量较小。直至1956年、1957年上海国华、鸿丰这两家贴花纸生产企业迁入景德镇，瓷用化工厂才成为当时全国最早、规模最大的国营陶瓷贴花纸生产企业。景德镇瓷用化工厂不仅为景德镇陶瓷厂家提供日用陶瓷贴花纸，也为全国其他产瓷区日用陶瓷装饰提供贴花纸的设计及生产。随着人们对日用陶瓷装饰审美需求的发展与变化，作为陶瓷装饰批量化生产最好形式的贴花纸工艺，在全国产瓷区均呈现出应有的发展态势。20世纪90年代后期，釉上贴花纸工艺开始有所改进，由小膜花纸代替了过去的大膜花纸，使贴花工艺得到改善，更好地实现装饰画面与结构复杂的造型之间的贴合。釉上贴花纸在日用瓷中铅、镉溶出量的国际标准始终是中国日用陶瓷出口创汇的羁绊，釉上贴花工艺有逐渐被釉中贴花工艺所替代的趋势。釉中贴花工艺，是采用高温快烧的方式，在近1000度的高温下把装饰画面熔进釉层中，这种工艺方式使铅、镉溶出问题得以解决。

贴花纸工艺广泛应用于日用陶瓷装饰中，这无疑是对手工彩绘技艺的改进，不仅适合日用陶瓷装饰的大批量生产，而且为陈设瓷的装饰也提供了一种效率化的生产模式。

5. 腐蚀金

腐蚀金是新彩瓷工艺形式之一，是20世纪50年代以后唐山地区出现的一种装饰方法，又称雕金。其工艺是采用经过汽油稀释的沥青、石蜡在瓷胎釉面绘制装饰纹样，待干后凝固再以氢氟酸溶液涂布在装饰纹样之上。由于氢氟酸对瓷胎釉面具有一定的腐蚀作用，装饰纹样未被沥青或石蜡覆盖的部分即被氢氟酸溶液腐蚀，使釉面形成一定程度的凹面并失去光泽，然后再将氢氟酸冲洗干净并清除沥青或石蜡。沥青、石蜡不易被氢氟酸腐蚀，被覆盖住表面依然保留釉面的光泽，而被腐蚀的表面形成亚光质感。最后用金水平涂在纹样的表面，干后经过烤花，金色纹样形成两种不同质感的对比且具有一定的起伏感，使得金碧辉煌的装饰纹样呈现含蓄的层次变化。腐蚀金工艺在 20 世纪 50 年代后期的景德镇有所发展，然而随着贴花纸工艺的不断进步，腐蚀金的装饰效果可以采取贴花纸工艺得以实现，因此改革开放之后景德镇的腐蚀金工艺以一种特殊的工艺形式存在着。

第三节 新彩彩绘多样化的艺术表现形式

一、新彩彩绘多样化的表现技法

新彩彩绘表现技法可以说是景德镇釉上彩绘工艺中最为丰富的。新彩在舶入之初，不但沿用了西洋彩绘的材料和工艺，也将由此产生的西洋式审美随着技法的表现而呈现。随着新彩彩绘本土化的发展进程，多种形式的表现技法逐渐形成，并成为展现新彩彩绘丰富多样的艺术表达形式。随着时代的发展变化，人们对艺术形式的审美也产生着变化，影响着艺术家对新彩彩绘审美追求的表达，而这种表达就依附于新彩彩绘多样化的表现技法中。勾线晕彩、拍色、扁笔技法、扒、刮、皴、擦、点、跺，这些在彩绘技艺的发展变化中逐渐成为新彩彩绘中常见的表现技法。

1. 勾线晕彩

勾线，即使用打好色料的料笔，在烧制好的瓷胎釉面上勾画出画面形象的轮廓。晕彩，是使用兼毫或羊毫彩笔依据画面的形象，晕彩出色彩的明暗与变化。勾线、晕彩是新彩彩绘传统技法中的主要技法。这种技法是受中国传统工笔

图 3-3-1 勾线晕彩

绘画中的勾线、渲染等审美特征的影响而逐渐形成的（图 3-3-1）。

2. 拍色

拍色的表现技法，在民国期间就已形成。它是先利用桃胶调和的色料勾线，然后用海绵或丝棉在用笔上好的油性色料上进行拍色。拍色技法可以使画面明暗变化更加匀净，色彩过渡更加自然，形成画面色彩变化柔和、明暗变化匀净细腻的审美效果，尤其是在大面积的画面处理上更加能体现出此种技法的优势，避免了彩笔晕彩过程中留下的笔触。

3. 扁笔技法

扁笔，是以羊毫为材料的西洋画工具，类似现在的水彩笔。扁笔技法，是在新彩发展早期外来的彩绘技法。早期的扁笔抹花就是采用这种技法，多用于日用粗瓷的彩绘装饰。扁笔技法通常是利用扁笔画出形象，一笔拓出既表现形象又体现色彩和明暗的变化，因此又称作"拓新花"。虽然这种技法

图 3-3-2 新彩瓷板，鱼草图，黄海云

图 3-3-4 新彩彩绘瓷瓶局部，龚循明

具有西洋绘画的某些特征，但是所表现出的风格特点蕴含着中国画写意技法的审美特征。20 世纪 60 年代至 70 年代，轻工业部陶瓷研究所老艺人黄海云把这一技法运用于陈设瓷的彩绘中，他把这一技法运用得出神入化，因此被誉为"新花大王"，作品极富个人风格。他通常以金鱼为题材，利用大小不同型号的扁笔几笔便画出形象的结构和动态以及色彩和明暗的丰富的变化（图 3-3-2）。

4. 扒、刮

扒、刮，是采用针笔（竹制或金属材质）在平涂色料的画面中扒出或刮出画面形象的一种技法，和盛行于清朝乾隆年间的轧道工艺较为相似，扒或刮出的形象在画面中形成留白与色彩的对比，具有版画的审美特征（图 3-3-3）。

图 3-3-3 新彩瓷盘，蓝梦，解晓明

5. 皴、擦、踩、点

皴、擦、踩、点，是对中国绘画技法的借鉴，因此这些技法的使用使新彩具有中国绘画的审美特征（图 3-3-4）。

二、新彩彩绘多样化的艺术表现形式

新彩瓷众多的工艺形式、丰富的表现技法形成新彩彩绘多样化的表现形式，从风格特点来看，有中国绘画的表现形式、西方绘画的表现形式、中西合璧的表现形式等。

中国绘画表现形式，是一种审美观念的延续。纵观中国绘画的发展历程，众多门派和风格都已经发生了很大的变化，对于延续中国绘画表现形式的新彩瓷而言，极大地影响着新彩审美的发展与变化。如今体现在新彩瓷中的中国绘画式的审美与新彩发展早期的审美形式，已经产生了富有时代烙印的变化，"以色为墨"的中国绘画语言形式的表达是彩绘创作者内在的精神追求。

清末民初，浅绛彩、"新粉彩"把中国绘画表现形式移植入陶瓷彩绘装饰中，不仅改变了延续数百年的宫廷化审美，也改变了景德镇陶瓷彩绘装饰形式的发展方向，中国绘画的表现形式成为陶瓷彩绘装饰的发展主流，且影响至今。"陶瓷绘画"概念的出现，正反映了中国绘画表现形式对陶瓷彩绘装饰的深刻影响。工笔、写意、兼工带写等中国绘画表现形式，无一例外地成为陶瓷彩绘装饰形式竞相吸收、借鉴的模式。新彩瓷，同样沿袭着这一发展方向。

从新彩瓷中对西洋绘画最初的模仿到如今自主的变化，可以看到，新彩中表现肖像、人体、风景等西洋绘画式的审美特征与现代绘画艺术最前沿的变化如影相随。中西合璧的表现形式在景德镇新彩彩绘中体现得极为明显，既打破了传统的束缚，又体现了创新；既保留了传统审美特征，又囊括了西洋美术观念。这种交融的方式体现了顺应时代的审美变化。

西洋肖像绘画表现形式在新彩瓷发展早期，成了一门独立的工艺形式而发展至今。如今，具有西洋绘画风格的新彩彩绘，反映了现代美术教育模式对陶瓷艺术创作者所产生的影响。景德镇现在从事新彩彩绘的创作群体，很大一部分人受过艺术院校系统化知识体系的教育，具有中国绘画或西洋绘画技艺的功底，还接受了现代陶瓷设计的理念，因此他们与过去景德镇师承师傅的陶瓷艺人有着不同的从艺方式。无论是中国绘画的表现形式、西洋绘画的表现形式还是融贯中西的绘画表现形式，都体现出新彩彩绘多样化的形式表达。

第四节 新彩材料性能赋予的艺术优势

一、新彩材料的性能和特点

1. 色料的性能和特点

新彩色料是景德镇釉上彩绘中最为丰富的，几乎可以囊括绘画中所使用的色彩品种。着色金属氧化物经过高温煅烧之后形成熔块，经过精细研磨后配以硅酸盐类熔剂而形成"熟料"。经过煅烧工艺处理的色料色彩丰富而艳丽，多数色料品种在700度至800度的温区内发色稳定，而且在烧成前后呈色基本一致。色料中除极少数相互间调配后烘烧时会产生化学反应外，其他色料均可自由调配。新彩色料在彩绘过程中，施色或厚或薄均可以发色，不会因为上色厚而产生工艺瑕疵，在规定的烧成范围内，新彩色料具有良好的延展性，因此新彩具有高效成品率。新彩色料的这些性能和特点有利于彩绘过程对画面艺术效果的把握，为新彩彩绘表现技艺的多样化提供了便利条件。正是因为新彩色料所具有的性能和特点，使得新彩彩绘继古彩、粉彩之后，成为景德镇釉上彩绘中拥有最为广泛创作群体的工艺形式。

2. 调和剂的性能和特点

用于新彩彩绘的调和剂主要有两类：一类是水性调和剂，有桃胶和水；另一类是油性调和剂，有乳香油、樟脑油和煤油。随着新彩彩绘艺术表现形式的多样化，医用酒精、二甲苯、松节油等皆可用作色料调和剂。不同调和剂在使用过程中与新彩色料调和彩绘画面，会因为调和剂特殊的性能和不同的使用方法而产生不同的画面效果。乳香油具有黏腻的性状，用作调和色料，可以起到将色料固着在瓷面的作用。樟脑油具有挥发性起着稀释油料的作用，用量的多或少会使画面产生不同的彩绘效果。煤油具有更强的挥发性，也用于稀释油料，以煤油稀释的油料彩绘画面，会产生特殊的肌理效果。以樟脑油稀释的色料进行画面的彩绘，在油分未干的状态下，在画面上点洒煤油点，画面即会产生晕散的肌理效果。医用酒精、二甲苯、松节油也具有煤油的这种性状，因此用途大同小异，所不同的是所产生的肌理效果各有特点。

用桃胶水调和的色料称桃胶料，以乳香油调和的色料称油料，这两种料可以合起来使用，以桃胶料勾画画面形象的结构，再以油料进行色彩的渲染、拍色或点揉，这种工艺方式是利用水、油不相容的特性，可以做到更加自由地掌控画面效果。

二、新彩材料性能赋予的艺术优势

新彩材料性能赋予的艺术优势，是工艺严谨的古彩、粉彩所不具备的，正是新彩材料的性能赋予新彩彩绘多样化的工艺形式、多样化的艺术表达形式，从而形成新彩多元化的艺术风格。新彩彩绘可以表达细腻，也可以表现粗放；可以在单纯中找寻变化，也可以在丰富的色彩中寻求和谐；可以再现有形的写实，也可以传递无形的意象传神。没有规范的工艺苛求，没有艺术特征的束缚，这便是新彩材料赋予的自由表达。

1. 材料性能赋予新彩彩绘的工艺优势

新彩自舶入景德镇发展至今，色料随着制备技术水平的提高而形成日益丰富多样的色料品种，斑斓的色彩几乎可以表现大自然中存在的各种颜色。制备色料的煅烧工艺，成就了新彩色料在较宽的烧成温区内（700度~800度）均可以发色稳定；成就了新彩色料在烧成温区中具有良好的延展性，不会因为着色略厚而形成"爆花"、"惊裂"等工艺缺陷，这是古彩、粉彩都不具有的材料优势。

新彩色料烧成前后的色彩近乎一致，使彩绘过程具有画面效果的可预见性，以色料彩绘好画面即可入炉烤花，烧成后的画面因为色料中所含的硅酸盐类熔剂而固着在瓷胎釉面上，这也是古彩、粉彩所不具备的工艺优势。新彩色料的特点和性能使彩绘工艺操作简便，不需要借助分工合作完成作品的绘制，创作者从立意到作品完成可一气呵成。

新彩色料调和剂过去主要有桃胶水、乳香油、樟脑油，如今煤油、酒精、二甲苯、松节油均可被新彩彩绘所利用，新彩色料和其中的任何一种媒介进行调和使用，可以产生不同的艺术表现形式，这是新彩材料所具备的可适应性。由新彩材料性能和特点所决定的工艺优势促使如今的景德镇拥有众多的创作群体，他们借助新彩材料所赋予的工艺优势，进行着风格迥异的艺术表达。

2. 材料性能赋予新彩彩绘丰富的艺术效果

新彩材料的性能不但赋予新彩彩绘的工艺优势，而且更加赋予了新彩彩绘的艺术优势。丰富的色料、媒介使用的自由度、工艺操作的简便等，成就了新彩彩绘拥有多样化的艺术表达形式。材料性能赋予的工艺优势极大地发展和延伸了新彩彩绘的艺术表现空间，如今成为景德镇最为活跃的彩绘艺术表现形式。艺术家们不再受材料、工艺、艺术特征和传统观念的束缚，借助新彩材料的性能和特点尽情而自由地表达自己的艺术理想。

材料的性能和工艺操作的便利性使得新彩彩绘在探索新工艺、新风格、新内容等方面有着极大的优势，如今出现了许多景德镇过去不曾有的现代艺术表现形式。那些吸收中国传统与现代绘画形式语言和表现技艺的艺术家们，充分利用新彩材料的性能和特点，进行着既有别于绘画又有别于陶瓷装饰语言形式的探索。如：戚培才先生的作品，就充分利用了新彩材料所具有的性能，把中国绘画的表现形式与彩绘装饰相融合，通过笔或手指，形成他与新彩色料、瓷器造型表面之间特有的默契，在作品中融入了他对陶瓷装饰设计的理解和诠释，形成了自己独特的陶瓷装饰艺术语言及风格（图3-4-1）。

再如：景德镇陶瓷学院教授张闻冰的作品，是利用新彩色料性能的绚丽色彩结合坯体刻线工艺，产生出奇妙而唯美的陶瓷装饰艺术效果。

图3-4-1 花开富贵，2012，40cm×40cm，戚培才

图 3-4-3 新彩彩绘瓷板，黄山松云，徐子印

他将自己内心对美的追求和赞叹，通过丰富而绚丽的色彩表达展现陶瓷装饰与陶瓷造型的完美结合。他以独特的艺术视角和对材料性能的掌控，在作品中实现自己的艺术理想（图3-4-2）。

用作新彩彩绘调和剂的樟脑油所具有的挥发性和渗化性，而今被从业者发掘并充分地利用于特殊艺术效果的表现。过去被视作工艺缺陷的"晕料"如今却成为一种审美形式，樟脑油的作用范围也因此被大大地拓宽。而煤油的流动性、渗化性也被利用而改变了新彩彩绘传统意义上的工艺方法。"晕"、"流"、"炸"等效果的出现，分别是利用樟脑油的渗化性能、煤油的流动动性能、二甲苯的快速渗化和干燥的性能而产生的，类似中国泼墨画的艺术效果，在景德镇彩绘界有"泼彩"、"流霞彩"之称。例如：在徐子印的"泼彩"作品中，就充分体现了对彩绘媒介性能的利用。他凭借其特有的艺术感悟与对画面艺术效果的捕捉力，令作品在创作过程中于经意或不经意间产生高山流水、倾泻千里、云山雾罩的山或水的意境，集抽象、意象、写意于一体（图3-4-3）。

由材料所决定的工艺特点，吸引了许多从事其他姊妹艺术的艺术家们纷纷介入景德镇新彩彩绘工艺，他们不仅丰富了

图 3-4-2 新彩瓷瓶，夏荷，张闻冰

景德镇新彩彩绘的艺术风格，也丰富了新彩彩绘的艺术表现
形式。他们的介入影响并改变了景德镇传统彩绘的艺术风格
和发展流向，也改变了过去以工艺、造型、装饰来品评陶瓷
彩绘的视角。其他艺术门类的介入，为陶瓷艺术提供了丰富
的艺术给养，令新彩彩绘呈现出前所未有的多元化面貌。例如：
徽籍艺术家张国君的新彩系列作品，就是从中国绘画的角度
涉足陶瓷艺术，以材料、媒介置换的角度，将当代绘画的观
念和形式融入陶瓷艺术作品的创作中，在作品中借助新彩材
料的特殊性能，或是以符号化的语言，或是以意象化的表达，
展现自我艺术形式的风格和追求，作品打破传统绘画观念和
技巧的束缚，而形成一种具有当代艺术语言形式的陶瓷绘画
作品（图3-4-4）。

图3-4-4新彩瓷钵，新安梦痕
系列 (40cm×40cm)，张国君

第四章

景德镇窑彩绘瓷业生产
和经营模式的发展变化

第一节　景德镇的红店传统

红店，是指景德镇从事釉上彩绘的作坊，而从事釉上彩绘的艺人被称为"红店佬"，在白瓷胎上进行釉上彩绘称作"描红"，用作釉上彩绘的烤花炉俗称"红炉"或"锦炉"。向焯《景德镇陶业纪事》载："红店为完成瓷器之工场，镇中不下四五百家，名为红店。初无工场形式，不过一家庭工业（家庭作坊）而已。镇中居民，但使粗谙彩绘，购入白胎，数十元即可工作，而合家之人，皆可以为业，或乳料（调制颜料），或填彩（填色、设色），妇孺老幼，各可尽其一部分之力焉。"从这段文字记载可以看出，民国初年景德镇民间彩瓷业的发展结构是以家庭作坊的形式而存在的，家庭成员按照分工各行其是，有的专职研磨颜料，有的只管填色，有的则画图案边饰，而主要画面是由家庭中有较高技艺的成员来绘制。有的红店是店主请一两位师傅，再带几个徒弟进行彩瓷的生产和经营。红店是民窑釉上彩发展起来的产物，在景德镇众多制瓷行业分工中，红店所从事的是彩瓷的最后一道工序，画填好的瓷器送入窑户烤花后，就完成一件彩瓷的所有工艺过程。

明代正德年间，景德镇民窑彩瓷业逐渐发展起来，到清末御窑厂解散之后，以家庭作坊为结构的红店业开始发展兴盛。民国时期，红店主要集中在景德镇市区的太平巷至戴家弄一带的街巷中，几乎占据景德镇大半个市区。20世纪30年代，这种家庭式作坊多的时候有 1400 余家，从业者有 7200 余人。抗战期间，受战乱影响，景德镇瓷业发展一度停滞，红店规模也因此受到影响。新中国成立后，红店家庭作坊式的生产和经营模式经过社会主义改造，有手艺的工匠和艺人纷纷成为建国后景德镇艺术瓷厂等几家国营瓷厂的骨干力量，就此红店成为景德镇彩瓷业发展历史的一段过往。在景德镇彩瓷业红店的发展过程中，逐渐形成了严格的行业分类和工种分工，也形成了一定形式的行业规则和经营模式，正是这些行业分类、分工合作以及行业经营规范，成就了景德镇彩瓷业有序而稳固的发展阶段。

一、红店的分类

红店作为景德镇制瓷业行业分工的一大类别，随着景德镇民间彩瓷业的发展，逐渐形成了行业分类和工艺分工。以红店为主的彩瓷业主要有四类，"意彩业、粉古彩业、美术彩业、黄家洲饰瓷业等。意彩业即绘下等粗杂瓷器；粉古彩业即绘中下等笨拙造型的瓷器；美术彩业即绘上等的精细瓷器，其绘者均有较高彩饰技术和创作能力；黄家洲饰瓷也则纯粹是为了补救瓷器上出现的毛病而进行的彩绘"[33]。每个行业分类中又存在严谨细致的工艺分工，彩绘、填色分工合作，"画者不填，填者不画"，画古彩的不画粉彩，画粉彩的不画古彩，而且按照题材进行分工，有画山水的，有画人物的，有画翎毛的，有画图案的，艺人们分工明确，互不干扰、互不交叉。

红店的行业划分、分工合作，是在景德镇彩瓷业长期发展中形成的。行业分类，确保行业之间各自为轨。精细的工艺分工，一方面令每一道工序可以做到细致入微，另一方面，一件作品需要依赖多人的合作才能完成。在景德镇一直流行这样一句话"画得好不如填得好，填得好不如烧得好"，这充分说明了分工合作间的相互依赖。从艺术价值层面来看，工艺分工又无形中割裂了每道工艺之间的内在联系，缺少对作品主要彩绘内容和瓷器造型之间的整体关系，缺少艺术感受的整体表达，作品很难出现一气呵成的精神面貌，因此有些作品难免令精湛的技艺流于僵化和匠气。

二、红店的行规

红店是一种自发性的生产和销售的手工作坊，实行的是一种自我管理、自主经营机制，在日常的运行中为保证正常运转，需要有一定的约束机制使个人服从手工作坊的生产和交换。这些在日常运营中形成的规则最初表现为一种习惯，后来才逐渐演变成一些约定俗成的行业规范。这些行业规范虽然不具有法律约束作用，却依靠着传统的伦理和社会的舆论来维持，形成严厉而强大的约束力量。红店行规主要体现在工人工资和福利待遇、雇请工人、收带徒弟、日常习俗等

33. 方李莉，《景德镇民窑》，人民美术出版社，2002年，第168页。

方面。

红店工人通常是按"件"计酬工资，多劳多得。工人的福利主要体现在：每日提供"两干一稀"的餐食，月逢初一、十五、二十三另有加餐，年龄稍长的工人每人每月可得半斤黄烟。红店工人一年中有六个休息日，春节休息三天，每逢端午节、中秋节、中元节各休息一天，而且老板会设宴招待工人，并发给节气食品。节日来临前，有的红店老板会请工人、师傅下馆子，主要是商量节日宴席的事宜。红店工人不同于坯户、窑户中的工人，他们是行脑力劳动的艺人，因此相对而言具有较高的社会地位，工资收入也相对较高，因此在衣着上他们是行业工人中最为讲究的。

有的红店会因为生产需要聘请手艺好的师傅进门工作，需要时，红店老板与同行打招呼，经人介绍或闻讯上门的师傅会自带画笔和工具，由老板指定一个画面让师傅先画出一两件作品，画完之后放在桌案上即可以离开。经老板过目后，如果满意会在三至五日之内通知师傅上门工作。在解雇师傅时，红店也有一套，通常是老板不需要师傅继续工作或者对师傅不满意，会对师傅知会一声"以后再请帮忙"，就表明辞退之意；还有一种方式是，一般情况下老板每天会把需要彩绘加工的白瓷胎放在师傅工作的桌案上，如果桌上不再摆放白瓷胎就表明不再雇请师傅继续工作。当红店逢上订单数量多而生产繁忙之时，老板也会将白瓷胎发送到有手艺的家庭妇女手中进行彩绘或填色，景德镇俗称这种方式为"发彩"。

一些红店中技艺高超的艺人通常会比较保守，他们带徒弟时不会把全部手艺传授给徒弟，一些关键性的技艺诀窍和经验是不会教授的。他们有时候为了避免同行学到自己的新作品种或新创画面，在将画填好的瓷器送入窑户搭炉烤花之前，会将整个画面用煤油灯燃烧时产生的黑烟熏黑，开炉时要亲自从炉中将烧好的瓷器取出，直接交与瓷器商，画面中的所有内容被掩盖。以防止同行看到。

红店老板收徒学艺有两种情况，手艺好的老板通常由自己亲自带徒弟，传授技艺，而手艺不好的老板则会另请师傅帮带徒弟，老板虽然不授艺，但依然是徒弟的师傅。红店学徒期一般为三至四年，徒弟学成之后出师。出师后，须留在作坊中帮师一年方可正式出师。师傅许可徒弟出师时，徒弟要请出师酒，宴请师傅和与师傅交往密切的红店同行，通过这样的机会可以认识更多的红店老板，为自己将来自谋出路创造机会。学徒期间，老板也会像对待其他工人一样每月支付徒弟一次理发费，学徒期间的工资第一年是一担米，以后每年递增半担。学徒期间所有工资报酬共计折合当时的费用不超过 50 块银圆。帮师期间的工资相当于师傅的 7 成左右。徒弟正式出师时，徒弟可以选择留下或者自谋出路。如果徒弟选择到别处工作，师傅则有义务为徒弟担任中保人，以便徒弟能够顺利在别家红店开展工作。

三、红店与瓷行

"从明代开始，景德镇城区便成了以瓷业为主的工商业集中场所。"[34] 伴随着海内外市场对景德镇陶瓷产品的大量需求，具有资本主义萌芽性质的瓷业生产和经营模式逐渐形成和发展，围绕着坯户、红店、窑户为主的三大类行业进行着陶瓷的生产和经营，每行各分一帮，各执一事。

随着民间陶瓷业生产规模的发展，红店逐渐形成一定的经营模式，多数红店的结构为前店后厂的形式，进行着日常的生产和销售，通常是将彩绘加工完成的瓷器就地销售。另

34. 方李莉，《景德镇民窑》，人民美术出版社，2002 年，第 143 页。

外，还接受专事贩卖瓷器商人的订单，即商人从窑户手中收购白瓷胎委托给红店进行彩绘加工，再由商人运往外地销售。瓷行就是连接窑户和红店进行对外销售的商业媒介，"瓷行是当地窑户及红店与外地商人接洽的媒介"[35]。瓷行不仅为窑户和红店提供商业服务，"同时也是为外地商人代买、落仓、包装和托运的商行"[36]。外地客商有的由于初到景德镇，在采办瓷器的商业活动中缺少有关的经验和渠道，只有依赖瓷行提供有偿的帮助与红店和窑户进行生意的往来和接洽，即所谓的"商行买瓷，牙侩引之议价批单"，"九域瓷商上镇来，牙行花色照单开"[37]。瓷行引领客商到红店或窑户家中看货，如有满意货品，便下单订货并商定交货日期，再由瓷行依照订单的交货日期代为验货和挑选。按照订单交付的瓷器，由红店、窑户运至瓷行进行包装，包装完成后便发往客商手中。瓷行作为红店和窑户等行业的辅助性服务行业，为明清景德镇瓷器的对外销售起着非常重要的作用，也为民国时期景德镇瓷业经济的发展产生着重要影响。瓷行由于其特殊的商业媒介作用，通常地处人流往来频繁的市区街弄口。

家庭手工业作坊式的自产自销，满足不了红店产品的对外销售，而瓷行的存在则为红店和窑户提供了一条有序的对外销售渠道。瓷行是景德镇窑在解放前民间瓷器贸易方式的一个重要环节，为景德镇瓷业的发展起到了重要的推动作用，通过其媒介作用，建立瓷商和红店、窑户等行业之间的联系，在一定程度上加强了红店对市场需求的了解，促进红店瓷器生产的推陈出新。

35. 方李莉，《景德镇民窑》，人民美术出版社，2002年，第181页。

36. 同上注，第168页。

37. 周荣林，《景德镇陶瓷习俗》，江西高校出版社，2004年，第102页。

第二节　彩绘瓷业生产和经营模式的变化

以釉上彩绘业为继的红店，在清末御窑厂解散后，随着御窑厂的手艺人流落民间得到进一步的发展。民国时期"珠山八友"在景德镇美术陶瓷领域的杰出成就，为民国时期景德镇窑釉上彩绘业发展出新的面貌，他们也是当时景德镇窑红店业的一分子。红店的数量也因此与日俱增，家庭手工业作坊式的生产和销售模式成为当时景德镇瓷业生产和经营的主要模式。

新中国成立后，景德镇随着陶瓷生产合作社、景德镇陶瓷研究所、建国瓷厂、艺术瓷厂的先后成立，民国时期家庭手工业作坊式的红店，由自发性、自主经营的模式转化为有序的合作化模式。活跃在民国时期的彩绘艺人纷纷进入瓷厂，成为依靠手艺获取劳动所得的瓷厂工人，过去私营的红店艺人在社会主义计划经济体制下进行着劳动生产，旧时的行业禁锢和陈规陋习被打破和割除，艺人们不再参与市场竞争。国有化瓷厂的生产和管理，一度为景德镇陶瓷业的复兴和辉煌做出了突出的贡献。

如今，国营瓷厂的时代已成为景德镇瓷业发展历史的一段过往，随着1995年十大瓷厂的先后关停和转制，民营陶瓷企业、个体陶瓷作坊迅速在景德镇发展起来，瓷业的生产和经营模式仿佛又回到了历史的原点——红店。在经历国营瓷厂退出市场经济发展的20年间，景德镇陶瓷业的发展可以说是成千上万家的民营陶瓷企业以及个体陶瓷作坊所推动的。

面临新的时代，民营企业和个体经营作坊虽然有着和旧时红店相似的生产和经营的性质，但是却有着更加自由和广阔的发展空间。

近几年，随着景德镇陶瓷艺术品市场的异常活跃，经销陶瓷艺术品的商业场所和店铺以及具有画廊性质的陶瓷艺廊在景德镇簇拥林立，这些店铺和艺廊虽然与过去景德镇的红店或瓷行在经营模式上有着一定的相似性，但是面临如今活跃的陶瓷艺术品市场，它们却有着过去红店、瓷行所不具备的灵活而自由的发展空间。在市场经济体制下，它们以市场需求为前提形成了一定的现代化营销手段和经营模式，正是这些店铺和艺廊为景德镇陶瓷艺术品推向市场开辟着空前的发展格局。

一、国营瓷厂

随着 1950 年景德镇建国瓷业公司的成立，开始了景德镇瓷业国营瓷厂发展模式的时代，在随后的几年间，根据国家第一个五年计划的社会主义企业改造的战略目标，景德镇市政府决定在原有的几大瓷厂和瓷社的基础上进行合并重组，陆续成立了影响景德镇瓷业发展 50 余年的十余家大型陶瓷厂，完成了个体手工业向工业化的转变和社会主义改造，就此景德镇瓷业的发展在全民所有制下以十大国营陶瓷厂为中心，在计划经济模式下快速运转。按照恢复景德镇瓷业生产和复兴景德镇瓷业发展的目标，十大瓷厂各有分工，在各自的领域进行着计划配额制度的陶瓷生产，所生产的陶瓷产品、艺术瓷由景德镇陶瓷销售公司、景德镇陶瓷进出口公司进行统一销售。

进入 20 世纪 80 年代后期，随着中国经济体制改革的深入发展，景德镇的各大国营瓷厂在面临市场经济所带来的市场格局的变化时，原有的经营模式和管理制度以及产品生产的结构，都逐渐显露出与市场经济发展步伐的不适应。进入90年代后，虽然许多国营瓷厂在改革经营和管理体制方面做过很大的努力，最终因为"政府没有选择股份制等市场经济手段改造国企，相反，为了快刀斩乱麻地卸下包袱，1995年10月，采用了'化整为零'的策略，十家大的国有瓷厂迅速瓦解"[38]。

二、自主生产和经营的回归

随着改革开放的全面深入，20世纪80年代中后期，个体企业的发展成为一种趋势，在"让一部分人先富起来"的政策号召下，景德镇陶瓷手工业作坊逐渐如雨后春笋般发展起来。20世纪90年代，随着市场经济体制的全面改革，计划经济体制下建立起来的国营瓷厂面临市场经济体制下的竞争，机构庞大的国营瓷厂再无往日的优势，而逐渐失去发展的活力。1995年，景德镇十大国营瓷厂先后解体，成千上万的瓷厂工人纷纷下岗自谋出路，他们有的开设陶瓷手工作坊，有的受雇于私人手工作坊。自此，景德镇手工制瓷业体系在市场经济发展模式下重新搭建起来，似乎是"红店"时代自主生产和自主经营模式的回归。从景德镇彩绘业的发展状况来看，虽然是旧模式的一种回归，但事实证明，小规模的个体生产和经营，使景德镇瓷业在市场经济模式下又形成了一种新的活力。伴随艺术品市场空前的发展，以彩绘业为生存手段的陶瓷从业者促进了景德镇陶瓷艺术前所未有的发展。

众多以彩绘瓷为主的作坊和店铺、艺术家工作室、艺廊等，

38. 周思中，《是谁摘走了"瓷都"的桂冠——对当代景德镇的评论》，《中国陶瓷》，2005年第4期。

分布在景德镇的市区或陶瓷艺术品市场集中的区域，如：莲社北路一带、陶瓷大世界，景德镇市人民广场的金昌利陶瓷商城和周边的店铺以及建国瓷厂艺术区等。这些作坊、店铺、艺术家工作室，有的以自产自销的方式经营着彩绘瓷，涉及的品类有日用器皿和艺术瓷；有的与艺廊合作，艺术家将自己的彩绘作品交由艺廊进行经销，而艺廊通常是以经营艺术瓷为主的职业销售机构，他们和艺术家进行合作，这种营销机构或个人通常以经销商的价格收购或代理艺术家的作品，再以收取利润的方式售卖给收藏终端（图 4-2-1）。

图 4-2-1 夏圣陶瓷

三、景德镇窑活跃的制瓷产业链条

景德镇窑制瓷产业链条是建立在由来已久的因制瓷工序而形成的精细分工之上，传统坯户、红店、窑户三大主业的行业分工，在长久的瓷业发展进程中和辅助性行业分工形成了秩序井然、相互依赖的产业链带关系。新中国成立前，这种瓷业链带关系存在行业垄断以及行业间的相互钳制，行业间没有自由的发展空间。

　　如今景德镇的制瓷产业链条在传统制瓷行业分工的模式下依然存续，从泥料生产到瓷器烧成，形成完整的生产链带关系。制坯作坊、彩绘加工、窑炉作坊依然是景德镇现行的三大主业分工，是制瓷产业链中的主要环节，而围绕这三大主业的辅助性行业分工，是促成它们有条不紊、顺利运转的必不可少的环节。泥料作坊、釉料作坊为制坯作坊提供制瓷的泥料和釉料（图4-2-2）；模型制作工场为坯户的批量化生产提供模具制作服务（图4-2-3）；制坯作坊为釉下彩绘行业提供彩绘的素坯，为釉上彩绘行当提供烧制好的白瓷胎（图4-2-4）；彩绘颜料店、毛笔店为彩绘行业提供颜料和工具（图4-2-5、图4-2-6）；窑坊为坯户和彩绘作坊提供搭窑烧制和烤花。这些辅助性的行业作坊普遍属于小型化的个体经营，行业间保持着环环相连、相互依存的关系。上述的制瓷产业链带关系只是概括性的陈述，实际上这种相互依赖、相互依存的产业链条更为复杂而多样，但是足以说明这种链带在景德镇瓷业生产中的重要作用。这些因分工而设的行业作坊为景德镇制瓷的每道工序提供着服务。在过去计划经济体制下，这样的行业运行布局只限于在国营瓷厂之间或瓷厂内部形成有机运转。随着国营瓷厂的解体，有技术的行业工人在下岗后又重新上岗，成为市场经济体制下制瓷产业链中的组成部分，他们在各自的领域自我发展，形成前所未有的生存状态。泥料生产品种比过去任何时候都丰富多样，有不同烧成温度的泥料，除瓷泥之外还有高温陶泥，这些多样化的泥料丰富着景德镇陶瓷的种类。模型制作为各类日用陶瓷、雕塑陶瓷等行业提供专业化的模具制作，专业化的模具制作为客户高效的陶瓷产品生产提供了极大的便利。毛笔

图4-2-2 泥料作坊

图4-2-3 模型制作工场

图4-2-4 坯作坊

图4-2-5 瓷用颜料店

图4-2-6 瓷用毛笔店

店、颜料店，为彩绘作坊和艺人提供专业化制作的彩绘工具和精细加工的彩绘颜料。

正是这些辅助性行业分工的存在成就了当今景德镇制瓷行业的有效运转。如今这种相互依存、相互依赖的产业链带关系不再有旧时行业间的垄断经营，它们在各自的领域自行发展，而不再是相互钳制，它们在市场经济体制中按照市场需求的变化进行着生产的自我调节。正是这种进入市场机制的产业链条，在公平的市场竞争中为景德镇陶瓷艺术多元化发展创造了必要的条件。

〔1〕（明）曹昭著.杨春俏编著.格古要论.中华书局，2012.

〔2〕（清）朱琰撰.傅振伦译注.陶说译注.轻工业出版社，1984.

〔3〕（清）蓝浦，郑廷桂著.连冕编著.景德镇陶录图说.山东画报社，2004.

〔4〕（清）寂园叟撰.杜斌校注.匋雅.山东画报社，2010.

〔5〕江西省轻工业厅陶瓷研究所.景德镇陶瓷史稿.生活·读书·新知三联书店，1959.

〔6〕景德镇陶瓷学院美术系.陶瓷彩绘.江西轻工业出版社，1961.

〔7〕田自秉.中国工艺美术史.东方出版中心，1985.

〔8〕周銮书.中国历代景德镇瓷器.中国摄影出版社，1998.

〔9〕中国硅酸盐学会.中国陶瓷史.文物出版社，2004.

〔10〕叶佩兰.中国彩瓷.上海古籍出版社，2005.

〔11〕叶佩兰.五彩名瓷.山东美术出版社，2005.

〔12〕郑振铎.中国古代木刻画史略.上海世纪出版集团，2011.

〔13〕方李莉.景德镇民窑.人民美术出版社，2002.

〔14〕方李莉.中国陶瓷史.齐鲁书社，2013.

〔15〕熊寥.中国近代名家陶瓷.上海文化出版社，2004.

〔16〕熊寥，熊微.中国陶瓷古籍集成.上海文化出版社，2006.

〔17〕吕成龙.明清官窑瓷器.中央编译出版社，2009.

〔18〕方复.景德镇陶瓷古彩装饰.江西高校出版社，2004.

〔19〕宁钢，刘芳.康熙古彩艺术.学林出版社，2008.

〔20〕宁钢，刘乐君.传统陶瓷古彩装饰.武汉理工大学出版社，2005.

〔21〕邹晓松.传统陶瓷粉彩装饰.武汉理工大学出版社，2005.

〔22〕邹晓松.粉彩瓷.黑龙江美术出版社，2013.

〔23〕李磊颖.传统陶瓷新彩装饰.武汉理工大学出版社，2005.

〔24〕中国陶瓷全集编辑委员会.中国陶瓷全集（11,12,13,14,15）.上海人民美术出版社，2000.

〔25〕张福康.中国古陶瓷的科学.上海人民美术出版社，2000.

〔26〕孔六庆.中国陶瓷绘画艺术史.东南大学出版社，2003.

〔27〕李文跃.景德镇粉彩瓷绘艺术.江西高校出版社，2004.

〔28〕周林荣.景德镇陶瓷习俗.江西高校出版社，2004.

〔29〕郑年胜，刘杨.景德镇陶瓷艺术精品鉴赏·五彩，粉彩，综合装饰.上海书店出版社，2002.

〔30〕郑年胜，刘杨.景德镇陶瓷艺术鉴赏·粉彩瓷.上海书店出版社，2002.

〔31〕马未都.瓷之纹.故宫出版社，2013.

〔32〕故宫博物院.故宫陶瓷图典.故宫出版社，2010.

〔33〕邹晓雯.新彩瓷.黑龙江美术出版社，2013.

后　记

　　景德镇窑——斑斓彩绘，分上、下篇，上篇以景德镇窑釉下彩绘为内容，下篇以景德镇窑釉上彩绘为内容。本书的上篇由冯冕担纲。非常感谢冯冕的协助，才使得此书能够完整地呈现景德镇窑斑斓彩绘的历史风貌和发展状况。

　　承蒙主编远宏教授的推荐，才得以应黑龙江美术出版社之邀撰写此书的机会。于我而言，此书的撰写过程是一次非常难得而重要的学习经历。自元代开始，景德镇窑陶瓷艺术便以彩绘装饰引领其潮流，今天已形成了以彩绘见长的发展面貌。在搜集、整理众多相关的历史文献中，我受益匪浅，既感受到景德镇窑彩绘的璀璨夺目，也获得了理论层面的给养和提升。通过参阅历朝历代大量的传统陶瓷彩绘作品图例，更体会到传统彩绘工艺所包含的景德镇窑千年传承的工艺精神，和凝结其中的中国传统文化和民族精神表征。这些对我而言都是极为宝贵的学习资源和进一步深入研究景德镇窑彩绘发展历程的宝贵财富。

　　在景德镇窑彩绘的研究和实践领域，人才辈出，限于自己尚处学习的过程，水平有限，书中难免有疏漏和不当之处，敬请同行专家及读者对本书提出批评和指正，以正我治学之态度。

邹晓雯

作者简介

邹晓雯个人简历

邹晓雯，1969 年 10 月出生于景德镇。1991 年毕业于中央工艺美术学院（现清华大学美术学院）陶瓷系，获学士学位；2008 年毕业于清华大学美术学院陶瓷系，获艺术硕士学位；2009 年至今执教于景德镇陶瓷学院陶瓷美术学院。

获奖：

1. 2001 年现代陶艺作品《花之灵》入选中国美术家协会主办的"第一届全国陶艺展"，获优秀奖。

2. 2003 年现代陶艺作品《水之灵》入选中国美术家协会主办的"第二届全国陶艺展"。

3. 2005 年现代陶艺作品《花儿》入选"第十届全国美展"。

4. 2010 年粉彩作品《林语》获"第六届江西青年美术作品展"三等奖。

5. 2012 年粉彩作品《圆影》获"第七届江西青年美术作品展"三等奖。

6. 2012 年古彩作品《秋水凝神》获"第七届江西青年美术作品展"二等奖。

7. 2015 年古彩作品《天香》获"第十届陶瓷艺术设计创新评比展"铜奖。

专著：

《新彩瓷》，黑龙江美术出版社，2013 年 10 月，6 万字。

冯冕个人简历

冯冕，1982 年 2 月出生，2008 年毕业于景德镇陶瓷学院获硕士学位，毕业后执教于景德镇陶瓷大学科技艺术学院，现任美术系史论教研室主任。

论文：

1.《明末商品经济对转变期瓷器的影响》发表于核心期刊《陶瓷学报》，2008 年 6 月，第 29 卷，第 2 期，第 148—153 页，第一作者。

2.《疏漏的"铁证"——对熊寥先生 < 陶记 > 著于元代的三大新证的辨析之一》发表于核心期刊《南京艺术学院学报》，2011 年第 2 期，第 87—90 页，第一作者。

3.《元青花与磁州窑釉下黑彩纹饰比较》发表于期刊《中国陶瓷》，2014 年第 6 期，第 75—84 页，第一作者。

4. 参与中国古陶瓷协会主持编修《中国陶瓷史》的釉里红部分的撰写工作。

图书在版编目（ＣＩＰ）数据

　　景德镇窑.下 / 远宏，邹晓松主编；邹晓雯，冯冕
著. —— 哈尔滨：黑龙江美术出版社，2016.10
　　（中华文脉. 中国窑口系列丛书）
　　ISBN 978-7-5318-9089-8

　　Ⅰ. ①景… Ⅱ. ①远… ②邹… ③邹… ④冯… Ⅲ.
①民窑－瓷窑遗址－介绍－景德镇 Ⅳ. ①K878.5

　　中国版本图书馆CIP数据核字(2016)第245030号

出　版　人：丁一平　　金海滨
出 版 策 划：金海滨　　原守俭
责 任 编 辑：咸泽寿
编 辑 委 员 会：林洪海　　李　旭　　滕文静
　　　　　　　彭宝中　　李　疃
审　　读：曲　莹
责 任 校 对：衣国强　　李凤梅　　李金慧
装 帧 设 计：滕文静　　杨　鑫

中华文脉　中国窑口系列丛书——景德镇窑（下）

出　　版：黑龙江美术出版社
经　　销：全国新华书店
印　　刷：辽宁新华印务有限公司
版　　次：2016年10月第1版
印　　次：2017年1月第1次印刷
开　　本：787毫米×1092毫米　　1/16
印　　张：15
印　　数：1－1200册
书　　号：ISBN 978-7-5318-9089-8

定　　价：350元

由黑龙江省精品图书出版工程
专项资金资助出版

中华文脉 | 中国窑口系列丛书
History Chinese Culture
the Chinese Kilneye Series